박물관 관계법규

The Related Laws and
Regulations of Museum

머리말

    이 책은 학예사, 공무원 등의 자격시험을 준비하는 수험생들을 위해 만들었습니다. 자격시험은 수험 전략을 어떻게 짜느냐가 등락을 좌우합니다. 짧은 기간 내에 승부를 걸어야 하는 수험생들은 방대한 분량을 자신의 것으로 정리하고 이해해 나가는 과정에서 시간과 노력을 낭비하지 않도록 주의를 기울여야 합니다.

    수험생들이 법령을 공부하는 데 조금이나마 시간을 줄이고 좀 더 학습에 집중할 수 있도록 본서는 다음과 같이 구성하였습니다.

    첫째, 법률과 그 시행령 및 시행규칙, 그리고 부칙과 별표까지 자세하게 실었습니다.

    둘째, 법 조항은 물론 그와 관련된 시행령과 시행규칙을 한눈에 알아볼 수 있도록 체계적으로 정리하였습니다.

    셋째, 최근 법령까지 완벽하게 반영하여 별도로 찾거나 보완하는 번거로움을 줄였습니다.

    모쪼록 이 책이 수업생 여러분에게 많은 도움이 되기를 바랍니다. 쉽지 않은 여건에서 시간을 쪼개어 책과 씨름하며 자기개발에 분투하는 수험생 여러분의 건승을 기원합니다.

2022년 4월

법(法)의 개념

1. 법 정의
① 국가의 강제력을 수반하는 사회 규범.
② 국가 및 공공 기관이 제정한 법률, 명령, 조례, 규칙 따위이다.
③ 다 같이 자유롭고 올바르게 잘 살 것을 목적으로 하는 규범이며,
④ 서로가 자제하고 존중함으로써 더불어 사는 공동체를 형성해 가는 평화의 질서.

2. 법 시행
① 발안
② 심의
③ 공포
④ 시행

3. 법의 위계구조
① 헌법(최고의 법)
② 법률 : 국회의 의결 후 대통령이 서명 · 공포
③ 명령 : 행정기관에 의하여 제정되는 국가의 법령(대통령령, 총리령, 부령)
④ 조례 : 지방자치단체가 지방자치법에 의거하여 그 의회의 의결로 제정
⑤ 규칙 : 지방자치단체의 장(시장, 군수)이 조례의 범위 안에서 사무에 관하여 제정

4. 법 분류
① 공법 : 공익보호 목적(헌법, 형법)
② 사법 : 개인의 이익보호 목적(민법, 상법)
③ 사회법 : 인간다운 생활보장(근로기준법, 국민건강보험법)

5. 형벌의 종류
① 사형
② 징역 : 교도소에 구치(유기, 무기징역, 노역 부과)

③ 금고 : 명예 존중(노역 비부과)

④ 구류 : 30일 미만 교도소에서 구치(노역 비부과)

⑤ 벌금 : 금액을 강제 부담

⑥ 과태료 : 공법에서, 의무 이행을 태만히 한 사람에게 벌로 물게 하는 돈(경범죄처벌법, 교통범칙금)

⑦ 몰수 : 강제로 국가 소유로 권리를 넘김

⑧ 자격정지 : 명예형(名譽刑), 일정 기간 동안 자격을 정지시킴(유기징역 이하)

⑨ 자격상실 : 명예형(名譽刑), 일정한 자격을 갖지 못하게 하는 일(무기금고이상). 공법상 공무원이 될 자격, 피선거권, 법인 임원 등

차례

제1부

박물관 및 미술관 진흥법

제1장 총칙

제1조 목적

이 법은 박물관과 미술관의 설립과 운영에 필요한 사항을 규정하여 박물관과 미술관을 건전하게 육성함으로써 문화 · 예술 · 학문의 발전과 일반 공중의 문화향유(文化享有) 및 평생교육 증진에 이바지함을 목적으로 한다.　　　　　　　　　　　　　　　　　　　　〈개정 2016. 2. 3.〉

제2조(정의)

이 법에서 사용하는 용어의 뜻은 다음과 같다.　　　〈개정 2007. 7. 27., 2009. 3. 5., 2016. 2. 3.〉

1. "박물관"이란 문화 · 예술 · 학문의 발전과 일반 공중의 문화향유 및 평생교육 증진에 이바지하기 위하여 역사 · 고고(考古) · 인류 · 민속 · 예술 · 동물 · 식물 · 광물 · 과학 · 기술 · 산업 등에 관한 자료를 수집 · 관리 · 보존 · 조사 · 연구 · 전시 · 교육하는 시설을 말한다.

2. "미술관"이란 문화 · 예술의 발전과 일반 공중의 문화향유 및 평생교육 증진에 이바지하기 위하여 박물관 중에서 특히 서화 · 조각 · 공예 · 건축 · 사진 등 미술에 관한 자료를 수집 · 관리 · 보존 · 조사 · 연구 · 전시 · 교육하는 시설을 말한다.

3. "박물관자료"란 박물관이 수집 · 관리 · 보존 · 조사 · 연구 · 전시하는 역사 · 고고 · 인류 · 민속 · 예술 · 동물 · 식물 · 광물 · 과학 · 기술 · 산업 등에 관한 인간과 환경의 유형적 · 무형적 증거물로서 학문적 · 예술적 가치가 있는 자료 중 대통령령으로 정하는 기준에 부합하는 것을 말한다.

4. "미술관자료"란 미술관이 수집 · 관리 · 보존 · 조사 · 연구 · 전시하는 예술에 관한 자료로서 학문적 · 예술적 가치가 있는 자료를 말한다.

제3조(박물관 · 미술관의 구분)

① 박물관은 그 설립 · 운영 주체에 따라 다음과 같이 구분한다.

1. 국립 박물관 : 국가가 설립 · 운영하는 박물관

2. 공립 박물관 : 지방자치단체가 설립 · 운영하는 박물관

3. 사립 박물관 : 「민법」, 「상법」, 그 밖의 특별법에 따라 설립된 법인 · 단체 또는 개인이 설립 · 운영하는 박물관

4. 대학 박물관 : 「고등교육법」에 따라 설립된 학교나 다른 법률에 따라 설립된 대학 교육
과정의 교육기관이 설립·운영하는 박물관

② 미술관은 그 설립·운영 주체에 따라 국립 미술관, 공립 미술관, 사립 미술관, 대학 미술관으로
구분하되, 그 설립·운영의 주체에 관하여는 제1항 각 호를 준용한다.

제4조(사업)

① 박물관은 다음 각 호의 사업을 수행한다. 〈개정 2007. 7. 27., 2016. 2. 3.〉

1. 박물관자료의 수집·관리·보존·전시
2. 박물관자료에 관한 교육 및 전문적·학술적인 조사·연구
3. 박물관자료의 보존과 전시 등에 관한 기술적인 조사·연구
4. 박물관자료에 관한 강연회·강습회·영사회(映寫會)·연구회·전람회·전시회·발표
회·감상회·탐사회·답사 등 각종 행사의 개최
5. 박물관자료에 관한 복제와 각종 간행물의 제작과 배포
6. 국내외 다른 박물관 및 미술관과의 박물관자료·미술관자료·간행물·프로그램과 정보
의 교환, 박물관·미술관 학예사 교류 등의 유기적인 협력
6의2. 평생교육 관련 행사의 주최 또는 장려
7. 그 밖에 박물관의 설립 목적을 달성하기 위하여 필요한 사업 등

② 미술관 사업에 관하여는 제1항을 준용한다. 이 경우 제1호부터 제5호까지의 규정 중 "박물관자
료"는 "미술관자료"로 보며, 제6호 및 제7호 중 "박물관"은 "미술관"으로 본다.

제5조(적용 범위)

이 법은 자료관, 사료관, 유물관, 전시장, 전시관, 향토관, 교육관, 문서관, 기념관, 보존소, 민속관,
민속촌, 문화관, 예술관, 문화의 집, 야외 전시 공원 및 이와 유사한 명칭과 기능을 갖는 문화시설 중
대통령령으로 정하는 바에 따라 문화체육관광부장관이 인정하는 시설에 대하여도 적용한다. 다만,
다른 법률에 따라 등록한 시설은 제외한다. 〈개정 2008. 2. 29., 2009. 3. 5.〉

제6조(박물관·미술관 학예사)

① 박물관과 미술관은 대통령령으로 정하는 바에 따라 제4조에 따른 박물관·미술관 사업을 담당
하는 박물관·미술관 학예사(이하 "학예사"라 한다)를 둘 수 있다.

② 학예사는 1급 정(正)학예사, 2급 정학예사, 3급 정학예사 및 준(準)학예사로 구분하고, 그 자격
제도의 시행 방법과 절차 등에 필요한 사항은 대통령령으로 정한다.

③ 제2항에 따른 학예사 자격을 취득하려는 사람은 학예사 업무의 수행과 관련된 실무경력 등 대통령령으로 정하는 자격요건을 갖추어 문화체육관광부장관에게 자격요건의 심사와 자격증 발급을 신청하여야 하며, 문화체육관광부장관은 신청인의 자격요건을 심사하여 해당 자격요건을 갖춘 사람에게 자격증을 발급하여야 한다. 이 경우 준학예사 자격을 취득하려는 사람은 문화체육관광부장관이 실시하는 준학예사 시험에 합격하여야 한다. 〈신설 2013. 12. 30., 2019. 11. 26.〉

④ 제3항에 따른 준학예사 시험에 응시하려는 사람은 문화체육관광부령으로 정하는 바에 따라 응시수수료를 납부하여야 한다. 〈신설 2013. 12. 30.〉

⑤ 학예사는 국제박물관협의회의 윤리 강령과 국제 협약을 지켜야 한다. 〈개정 2013. 12. 30.〉

제6조의2(자격취소)

문화체육관광부장관은 제6조제3항에 따라 자격증을 발급받은 사람이 다음 각 호의 어느 하나에 해당하는 경우에는 그 자격을 취소하여야 한다.

1. 거짓이나 그 밖의 부정한 방법으로 자격을 취득한 경우
2. 제6조제3항에 따라 발급받은 자격증을 다른 사람에게 대여한 경우

[본조신설 2019. 11. 26.]

제7조(운영 위원회)

① 제16조에 따라 등록한 국·공립의 박물관과 미술관(각 지방 분관을 포함한다)은 전문성 제고와 공공 시설물로서의 효율적 운영 및 경영 합리화를 위하여 그 박물관이나 미술관에 운영 위원회를 둔다.

② 운영 위원회의 구성과 운영에 필요한 사항은 대통령령으로 정한다.

제8조(재산의 기부 등)

① 「민법」, 「상법」, 그 밖의 특별법에 따라 설립된 법인·단체 및 개인은 박물관이나 미술관 시설의 설치, 박물관자료 또는 미술관자료의 확충 등 박물관이나 미술관의 설립·운영을 지원하기 위하여 금전이나 부동산, 박물관 또는 미술관 소장품으로서 가치가 있는 재산(이하 "기증품"이라 한다)을 박물관이나 미술관에 기부 또는 기증(이하 "기부 등"이라 한다)할 수 있다.

〈개정 2013. 12. 30., 2016. 5. 29.〉

② 박물관 또는 미술관의 장이 기증품을 기증받고자 하는 경우에는 수증심의위원회를 두어 수증 여부를 결정하여야 한다. 〈신설 2016. 5. 29.〉

③ 국립 박물관 또는 미술관의 장은 제1항에 따른 법인·단체 및 개인이 해당 박물관이나 미술관

에 기증품을 기증하여 감정평가를 신청한 경우 기증유물감정평가위원회를 두어 감정평가를 할 수 있다. 〈신설 2016. 5. 29.〉

④ 수증심의위원회 및 기증유물감정평가위원회의 구성, 운영 및 그 밖에 필요한 사항은 대통령령으로 정한다. 〈신설 2016. 5. 29.〉

⑤ 국가 또는 지방자치단체가 설립한 박물관이나 미술관은 제1항에 따른 기부 등이 있을 때에는 「기부금품의 모집 및 사용에 관한 법률」에도 불구하고 이를 접수할 수 있다. 〈신설 2013. 12. 30., 2016. 5. 29.〉

⑥ 문화체육관광부장관은 제1항에 따른 기부 등에 현저한 공로가 있는 자에 대하여 시상(施賞)을 하거나 「상훈법」에 따라 서훈을 추천할 수 있으며, 수증한 박물관·미술관의 장은 기증품에 대한 전시회 개최 등의 예우를 할 수 있다. 〈신설 2020. 6. 9.〉

⑦ 제1항 및 제5항에 따른 기부 등의 절차, 관리·운영 방법 등은 문화체육관광부령으로 정한다. 〈신설 2016. 5. 29., 2020. 6. 9.〉

[제목개정 2016. 5. 29.]

제9조(박물관 및 미술관 진흥 시책 수립)

① 문화체육관광부장관은 국·공·사립 박물관 및 미술관의 확충, 지역의 핵심 문화시설로서의 지원·육성, 학예사 양성 등 박물관 및 미술관 진흥을 위한 기본 시책을 수립·시행하여야 한다. 〈개정 2008. 2. 29.〉

② 국립 박물관과 국립 미술관을 설립·운영하는 중앙 행정기관의 장은 제1항에 따른 기본 시책에 따라 소관 박물관과 미술관 진흥 계획을 수립·시행하여야 한다.

③ 지방자치단체의 장은 제1항에 따른 기본 시책에 따라 해당 지방자치단체의 박물관 및 미술관 진흥 계획을 수립·시행하여야 한다.

제9조의2(박물관 및 미술관 자료수집 등의 원칙)

① 박물관과 미술관은 박물관·미술관 자료의 목록 및 자료의 취득·변경·활용 등에 관한 사항을 성실히 기록하고 이를 지속적으로 관리하여야 한다.

② 박물관과 미술관은 소장품의 보존 및 관리를 위하여 적정한 전문인력, 수장(收藏) 및 전시 환경을 마련하여야 한다.

③ 제1항에 따른 박물관·미술관의 자료 목록 및 기록방법 등과 제2항에 따른 박물관·미술관 소장품의 보존 및 관리에 필요한 사항은 문화체육관광부령으로 정한다.

[본조신설 2017. 11. 28.]

제2장 국립 박물관과 국립 미술관

제10조(설립과 운영)

① 국가를 대표하는 박물관과 미술관으로 문화체육관광부장관 소속으로 국립중앙박물관과 국립현대미술관을 둔다. 〈개정 2008. 2. 29.〉

② 민속자료의 수집 · 보존 · 전시와 이의 체계적인 조사 · 연구를 위하여 문화체육관광부장관 소속으로 국립민속박물관을 둔다. 〈개정 2008. 2. 29.〉

③ 국립중앙박물관은 제4조제1항의 사업 외에 다음 각 호의 업무를 수행한다.

1. 국내외 문화재의 보존 · 관리

2. 국내외 박물관자료의 체계적인 보존 · 관리

3. 국내 다른 박물관에 대한 지도 · 지원 및 업무 협조

4. 국내 박물관 협력망의 구성 및 운영

5. 그 밖에 국가를 대표하는 박물관으로서의 기능 수행에 필요한 업무

④ 문화체육관광부장관은 문화유산의 균형 있고 효율적인 수집 · 보존 · 조사 · 연구 · 전시 및 문화향유의 균형적인 증진을 꾀하기 위하여 필요한 곳에 국립중앙박물관, 국립민속박물관 또는 국립현대미술관의 지방 박물관 및 지방 미술관을 둘 수 있다. 〈개정 2008. 2. 29.〉

⑤ 국립현대미술관은 제4조제1항의 사업 외에 제3항 각 호의 업무를 수행한다. 이 경우 각 호의 "박물관"은 "미술관"으로 본다.

⑥ 국립민속박물관은 민속에 관하여 제4조제1항의 사업 외에 제3항 각 호의 업무를 수행한다. 이 경우 각 호의 "박물관"은 "민속 박물관"으로 본다.

⑦ 국립중앙박물관과 국립현대미술관 및 국립민속박물관의 조직과 운영 등에 필요한 사항은 대통령령으로 정한다.

⑧ 국립중앙박물관에는 관장 1명을 두되, 관장은 정무직으로 한다.

제11조(설립 협의)

① 중앙 행정기관의 장은 소관 업무와 관련하여 국립 박물관이나 국립 미술관을 설립하려면 미리 문화체육관광부장관과 협의하여야 한다. 〈개정 2008. 2. 29.〉

② 제1항의 협의에 필요한 사항은 대통령령으로 정한다.

제3장 공립 박물관과 공립 미술관

제12조(설립과 운영)

① 지방자치단체는 지역사회의 박물관자료 및 미술관자료의 구입·관리·보존·전시 및 지역 문화 발전과 지역 주민의 문화향유권 증진을 위하여 대통령령으로 정하는 절차와 기준에 따라 박물관과 미술관을 설립할 수 있다.

② 제1항에 따른 박물관과 미술관 운영에 필요한 사항은 지방자치단체의 조례로 정한다.

제12조의2(공립 박물관·공립 미술관의 설립타당성 사전평가)

① 지방자치단체의 장이 제3조제1항제2호 및 같은 조 제2항에 따른 공립 박물관·공립 미술관을 설립하려는 경우에는 미리 박물관·미술관 설립·운영계획을 수립하여 문화체육관광부장관으로부터 설립타당성에 관한 사전평가(이하 "사전평가"라 한다)를 받아야 한다.

〈개정 2017. 11. 28.〉

② 사전평가의 절차, 방법 등에 필요한 사항은 대통령령으로 정한다.

[본조신설 2016. 5. 29.]

[제목개정 2017. 11. 28.]

제4장 사립 박물관과 사립 미술관

제13조(설립과 육성)

① 법인·단체 또는 개인은 박물관과 미술관을 설립할 수 있다. 〈개정 2007. 7. 27.〉

② 국가나 지방자치단체는 제1항에 따른 박물관 및 미술관의 설립을 돕고, 문화유산의 보존·계승 및 창달(暢達)과 문화 향유를 증진하는 문화 기반 시설로서 지원·육성하여야 한다.

③ 사립 박물관과 사립 미술관은 제1조 및 제2조에 따른 목적과 기능에 맞도록 설립·운영하여야 한다.

제5장 대학 박물관과 대학 미술관

제14조(설립과 운영)

① 「고등교육법」에 따라 설립된 학교나 다른 법률에 따라 설립된 대학 교육과정의 교육기관은 교육 지원 시설로 대학 박물관과 대학 미술관을 설립할 수 있다.

② 대학 박물관과 대학 미술관은 대학의 중요한 교육 지원 시설로 평가되어야 한다.

③ 대학 박물관과 대학 미술관은 박물관자료나 미술관자료를 효율적으로 보존·관리하고 교육·학술 자료로 활용할 수 있도록 지원·육성되어야 한다.

제15조(업무)

대학 박물관과 대학 미술관은 제4조제1항의 사업 외에 다음 각 호의 업무를 수행한다.

1. 교수와 학생의 연구와 교육 활동에 필요한 박물관자료나 미술관자료의 수집·정리·관리·보존 및 전시

2. 박물관자료나 미술관자료의 학술적인 조사·연구

3. 교육과정에 대한 효율적 지원

4. 지역 문화 활동과 사회 문화 교육에 대한 지원

5. 국·공립 박물관 및 미술관, 다른 박물관 및 미술관과의 교류·협조

6. 박물관 및 미술관 이용의 체계적 지도

7. 그 밖에 교육 지원 시설로서의 기능 수행에 필요한 업무

제6장 등록

제16조(등록 등)

① 박물관과 미술관을 설립·운영하려는 자는 그 설립 목적을 달성하기 위하여 필요한 학예사와 박물관자료 또는 미술관자료 및 시설을 갖추어 대통령령으로 정하는 바에 따라 국립 박물관 및

미술관은 문화체육관광부장관에게, 공립 박물관 및 미술관은 특별시장·광역시장·특별자치시장·도지사·특별자치도지사(이하 "시·도지사"라 한다) 또는 「지방자치법」 제175조에 따른 서울특별시·광역시 및 특별자치시를 제외한 인구 50만 이상 대도시의 시장(이하 "대도시 시장"이라 한다)에게 등록하여야 한다. 다만, 사립·대학 박물관 및 미술관은 시·도지사 또는 대도시 시장에게 등록할 수 있다. 〈개정 2009. 3. 5., 2016. 5. 29., 2020. 2. 18.〉

② 제1항에 따라 등록하려는 자(이하 "신청인"이라 한다)는 대통령령으로 정하는 요건을 갖추어 개관 전까지 등록 신청을 하여야 한다. 〈개정 2016. 5. 29.〉

③ 문화체육관광부장관, 시·도지사 또는 대도시 시장은 제2항에 따른 등록신청을 받은 경우 신청일부터 40일 이내에 등록심의를 거쳐 그 결과를 신청인에게 통보하여야 한다.
〈개정 2016. 5. 29., 2020. 2. 18.〉

④ 제3항에 따른 등록, 심의방법 및 절차 등에 필요한 사항은 대통령령으로 정한다.
〈신설 2016. 5. 29.〉

제16조(등록 등)

① 박물관과 미술관을 설립·운영하려는 자는 그 설립 목적을 달성하기 위하여 필요한 학예사와 박물관자료 또는 미술관자료 및 시설을 갖추어 대통령령으로 정하는 바에 따라 국립 박물관 및 미술관은 문화체육관광부장관에게, 공립 박물관 및 미술관은 특별시장·광역시장·특별자치시장·도지사·특별자치도지사(이하 "시·도지사"라 한다) 또는 「지방자치법」 제198조에 따른 서울특별시·광역시 및 특별자치시를 제외한 인구 50만 이상 대도시의 시장(이하 "대도시 시장"이라 한다)에게 등록하여야 한다. 다만, 사립·대학 박물관 및 미술관은 시·도지사 또는 대도시 시장에게 등록할 수 있다. 〈개정 2009. 3. 5., 2016. 5. 29., 2020. 2. 18., 2021. 1. 12.〉

② 제1항에 따라 등록하려는 자(이하 "신청인"이라 한다)는 대통령령으로 정하는 요건을 갖추어 개관 전까지 등록 신청을 하여야 한다. 〈개정 2016. 5. 29.〉

③ 문화체육관광부장관, 시·도지사 또는 대도시 시장은 제2항에 따른 등록신청을 받은 경우 신청일부터 40일 이내에 등록심의를 거쳐 그 결과를 신청인에게 통보하여야 한다.
〈개정 2016. 5. 29., 2020. 2. 18.〉

④ 제3항에 따른 등록, 심의방법 및 절차 등에 필요한 사항은 대통령령으로 정한다.
〈신설 2016. 5. 29.〉

[시행일 : 2022. 1. 13.] 제16조

제17조(등록증과 등록 표시)

① 문화체육관광부장관, 시 · 도지사 또는 대도시 시장은 제16조제3항에 따른 등록심의 결과가 결정된 때에는 박물관 또는 미술관 등록원부에 필요한 사항을 기재하고, 신청인에게 문화체육관광부령으로 정하는 바에 따라 박물관 등록증 또는 미술관 등록증(이하 "등록증"이라 한다)을 발급하여야 한다. 〈개정 2016. 5. 29., 2020. 2. 18.〉

② 등록증을 받은 박물관 또는 미술관(이하 "등록 박물관 · 미술관"이라 한다)은 국민의 박물관 · 미술관 이용 편의를 위하여 대통령령으로 정하는 바에 따라 옥외 간판, 각종 문서, 홍보물, 박물관 · 미술관 홈페이지 등에 등록 표시를 하여야 한다. 〈개정 2016. 5. 29.〉

제17조의2(변경등록)

① 등록 박물관 · 미술관은 등록 사항에 변경이 발생하면 대통령령으로 정하는 바에 따라 문화체육관광부장관, 시 · 도지사 또는 대도시 시장에게 지체 없이 변경 등록을 신청하여야 한다. 〈개정 2020. 2. 18.〉

② 제1항에 따른 변경 등록의 허용 범위 및 절차 등에 필요한 사항은 대통령령으로 정한다.

③ 문화체육관광부장관, 시 · 도지사 또는 대도시 시장은 제1항 및 제2항에 따른 변경 등록 시에 변경 사항이 대통령령으로 정하는 등록 요건을 충족시키지 못하거나 제2항에 따른 허용 범위 및 절차를 지키지 아니한 경우에는 제28조에 따라 시정 요구를 하여야 한다. 〈개정 2020. 2. 18.〉

[본조신설 2016. 5. 29.]

제17조의3(등록 사실의 통지)

시 · 도지사 또는 대도시 시장은 신규로 등록하거나 변경 등록한 박물관이나 미술관이 발생하였을 경우에 매 반기별로 그 등록 또는 변경 등록 사실을 문화체육관광부장관에게 통지하여야 한다. 〈개정 2020. 2. 18.〉

[본조신설 2016. 5. 29.]

제18조(사립 박물관 · 사립 미술관의 설립 계획 승인 등)

① 시 · 도지사 또는 대도시 시장은 사립 박물관 또는 사립 미술관을 설립하려는 자가 신청하면 대통령령으로 정하는 바에 따라 박물관이나 미술관의 설립 계획을 승인할 수 있다. 〈개정 2020. 2. 18.〉

② 제1항에 따라 설립 계획의 승인을 받은 자가 그 설립 계획 중 대통령령으로 정하는 중요한 사항을 변경하려면 시 · 도지사 또는 대도시 시장의 변경 승인을 받아야 한다. 〈개정 2020. 2. 18.〉

③ 시 · 도지사 또는 대도시 시장은 제1항과 제2항에 따라 설립 계획을 승인하거나 변경 승인하려면 미리 제20조제1항 각 호 해당 사항의 소관 행정기관의 장과 협의하여야 한다.

〈개정 2020. 2. 18.〉

④ 시 · 도지사 또는 대도시 시장은 제1항에 따라 설립 계획의 승인을 받은 자의 사업 추진 실적이 극히 불량할 때에는 대통령령으로 정하는 바에 따라 그 승인을 취소할 수 있다.

〈개정 2020. 2. 18.〉

⑤ 시 · 도지사 또는 대도시 시장은 제1항 · 제2항 및 제4항에 따라 설립 계획을 승인 또는 변경 승인하거나 승인을 취소한 때에는 지체 없이 제3항에 따른 협의 기관이나 이해관계가 있는 자에게 그 사실을 알려야 한다.

〈개정 2020. 2. 18.〉

제19조(유휴 공간 활용)

① 지방자치단체의 장은 그 소유의 유휴 부동산 또는 건물을 「공유재산 및 물품 관리법」으로 정하는 바에 따라 박물관, 미술관 또는 문화의 집 등 지역 문화 공간으로 용도 변경하여 활용할 수 있다.

〈개정 2016. 5. 29.〉

② 지방자치단체의 장은 박물관, 미술관 또는 문화의 집 등을 설립 · 운영하려는 자가 제1항에 따른 유휴 부동산 또는 건물을 대여(貸與)할 것을 요청하면 유상 또는 무상으로 대여할 수 있다. 다만, 제1항의 유휴 부동산 또는 건물 중 폐교시설에 관하여는 「폐교재산의 활용촉진을 위한 특별법」이 정하는 바에 따른다.

〈개정 2016. 5. 29.〉

제20조(다른 법률과의 관계)

① 시 · 도지사 또는 대도시 시장이 제18조제1항과 제2항에 따라 사립 박물관 또는 사립 미술관 설립 계획을 승인하거나 변경 승인하는 경우 같은 조 제3항에 따라 다음 각 호의 어느 하나에 해당하는 사항에 관하여 소관 행정기관의 장과 협의를 한 때에는 그에 해당하는 허가 · 인가 · 지정을 받거나 신고나 협의(이하 이 조에서 "허가 · 인가등"이라 한다)를 한 것으로 본다.

〈개정 2008. 3. 21., 2009. 6. 9., 2010. 5. 31., 2014. 1. 14., 2020. 2. 18.〉

1. 「국토의 계획 및 이용에 관한 법률」 제56조제1항제1호 및 제2호에 따른 개발 행위의 허가, 같은 법 제86조에 따른 도시 계획 시설 사업 시행자의 지정, 같은 법 제88조에 따른 실시 계획의 인가

2. 「도로법」 제36조에 따른 도로공사 시행 또는 유지의 허가, 같은 법 제61조에 따른 도로의 점용허가

3. 「수도법」 제52조에 따른 전용상수도의 인가

4. 「하수도법」 제16조에 따른 공공하수도에 관한 공사 또는 유지의 허가

5. 「농지법」 제34조에 따른 농지전용의 허가 및 협의

6. 「산지관리법」 제14조 및 제15조에 따른 산지전용허가와 산지전용신고, 같은 법 제15조의2에 따른 산지일시사용허가·신고, 「산림자원의 조성 및 관리에 관한 법률」 제36조제1항·제4항에 따른 입목·벌채등의 허가·신고 및 「산림보호법」 제9조제1항 및 제2항제1호·제2호에 따른 산림보호구역(산림유전자원보호구역은 제외한다)에서의 행위의 허가·신고와 같은 법 제11조제1항제1호에 따른 산림보호구역의 지정해제

② 제18조제1항에 따라 사립 박물관이나 사립 미술관 설립 계획의 승인을 받은 자가 그 승인 내용을 다른 목적으로 용도 변경한 때 또는 제22조에 따라 폐관 신고를 하거나 제29조에 따라 등록이 취소된 경우에는 제1항 각 호의 허가나 인가는 취소된 것으로 본다. 〈개정 2016. 5. 29.〉

③ 제1항에 따라 소관 행정기관의 장이 협의에 응할 때 관련 법률에서 규정한 그 허가·인가등의 기준을 위반하여 협의에 응할 수 없다.

제7장 관리와 운영·지원 〈개정 2016. 5. 29.〉

제21조(개관)

제16조제1항에 따라 등록한 박물관 또는 미술관은 연간 문화체육관광부령으로 정한 일수 이상 일반 공중이 이용할 수 있도록 개방하여야 한다. 〈개정 2008. 2. 29.〉

제22조(폐관 신고)

① 등록한 박물관이나 미술관을 운영하는 자가 박물관이나 미술관을 폐관하려면 박물관 또는 미술관의 시설 및 자료의 처리계획을 첨부하여 대통령령으로 정하는 바에 따라 문화체육관광부장관, 시·도지사 또는 대도시 시장에게 신고하여야 한다.

〈개정 2009. 3. 5., 2017. 11. 28., 2020. 2. 18.〉

② 문화체육관광부장관, 시·도지사 또는 대도시 시장은 제1항에 따른 신고를 받은 날부터 14일 이내에 신고수리 여부를 신고인에게 통지하여야 한다. 〈신설 2018. 10. 16., 2020. 2. 18.〉

③ 문화체육관광부장관, 시·도지사 또는 대도시 시장이 제2항에서 정한 기간 내에 신고수리 여

부 또는 민원 처리 관련 법령에 따른 처리기간의 연장을 신고인에게 통지하지 아니하면 그 기간(민원 처리 관련 법령에 따라 처리기간이 연장 또는 재연장된 경우에는 해당 처리기간을 말한다)이 끝난 날의 다음 날에 신고를 수리한 것으로 본다. 〈신설 2018. 10. 16., 2020. 2. 18.〉

④ 문화체육관광부장관, 시·도지사 또는 대도시 시장은 제1항에 따라 신고를 받은 경우(제3항에 따라 신고를 수리한 것으로 보는 경우를 포함한다)에는 그 등록을 취소하여야 한다.

〈개정 2009. 3. 5., 2018. 10. 16., 2020. 2. 18.〉

제23조(자료의 양여 등)

① 박물관이나 미술관은 상호간에 박물관자료나 미술관자료를 교환·양여(讓與) 또는 대여하거나 그 자료의 보관을 위탁할 수 있다.

② 국가나 지방자치단체는 박물관자료나 미술관자료로 활용할 수 있는 자료를 「국유재산법」, 「지방재정법」 또는 「물품관리법」에 따라 박물관이나 미술관에 무상이나 유상으로 양여·대여하거나 그 자료의 보관을 위탁할 수 있다.

③ 박물관이나 미술관은 제2항에 따라 박물관자료나 미술관자료를 대여받거나 보관을 위탁받은 경우에는 선량한 관리자의 주의 의무를 다하여야 한다.

④ 국가나 지방자치단체는 제2항에 따라 자료의 보관을 위탁할 경우에는 예산의 범위에서 그 보존·처리 및 관리에 필요한 경비를 지원할 수 있다.

제24조(경비 보조 등)

① 국가나 지방자치단체는 제18조제1항에 따라 사립 박물관이나 사립 미술관 설립 계획의 승인을 받은 자에게는 설립에 필요한 경비를, 등록한 박물관이나 미술관에 대하여는 운영에 필요한 경비를 예산의 범위에서 각각 보조할 수 있다.

② 정부는 국영 수송 기관에 의한 박물관자료나 미술관자료의 수송에 관하여 운임이나 그 밖의 요금을 할인하거나 감면할 수 있다.

③ 다른 법률에 따라 설립 또는 운영에 필요한 경비 등의 지원을 받고 있는 시설에 대하여는 제1항 또는 제2항에 따른 지원을 하지 아니할 수 있다. 〈신설 2009. 3. 5.〉

제25조(관람료와 이용료)

① 박물관이나 미술관은 관람료, 그 밖에 박물관자료나 미술관자료의 이용에 대한 대가를 받을 수 있다.

② 공립 박물관이나 공립 미술관의 관람료, 그 밖에 박물관자료나 미술관자료의 이용에 대한 대가는 지방자치단체의 조례로 정한다.

제8장 평가와 지도·감독 〈개정 2016. 5. 29.〉

제26조(박물관 및 미술관의 평가인증)

① 문화체육관광부장관은 박물관 및 미술관의 운영의 질적 수준을 향상시키기 위하여 제16조에 따라 등록한 후 3년이 지난 국·공립 박물관 및 미술관에 대하여 평가를 실시하여야 한다.

② 문화체육관광부장관은 제1항에 따른 평가결과를 대통령령으로 정하는 바에 따라 공표하고, 관계 행정기관의 장에게 행정기관평가에 반영하도록 협조 요청할 수 있다.

③ 문화체육관광부장관은 제1항에 따른 평가결과에 따라 우수한 박물관 및 미술관을 인증할 수 있다.

④ 문화체육관광부장관은 제3항에 따른 인증 박물관 또는 미술관(이하 "인증 박물관·미술관"이라 한다)에 대하여 문화체육관광부령으로 정하는 바에 따라 인증서를 발급하고 인증사실 등을 공표하여야 한다.

⑤ 제1항, 제3항 및 제4항에 따른 평가실시, 평가인증의 기준·절차 및 방법과 인증 유효기간, 인증 표시 등에 필요한 사항은 대통령령으로 정한다.

[본조신설 2016. 5. 29.]

[종전 제26조는 제28조로 이동 〈2016. 5. 29.〉]

제27조(인증 박물관·미술관의 평가인증 취소)

① 문화체육관광부장관은 제26조제3항에 따른 인증 박물관·미술관이 다음 각 호의 어느 하나에 해당하는 경우에는 인증을 취소할 수 있다.

1. 거짓이나 부정한 방법으로 평가인증을 받은 경우

2. 제29조제1항에 따른 등록취소 및 제22조에 따른 폐관 신고를 받은 경우

3. 그 밖에 인증자격을 유지하기 어렵다고 문화체육관광부장관이 인정하는 경우

② 문화체육관광부장관은 제1항에 따라 인증을 취소한 경우에는 그 사실을 공표하여야 한다.

[본조신설 2016. 5. 29.]

[종전 제27조는 제29조로 이동 〈2016. 5. 29.〉]

제28조(시정 요구와 정관)

① 문화체육관광부장관, 시·도지사 또는 대도시 시장은 박물관이나 미술관이 그 시설과 관

리·운영에 관하여 이 법이나 설립 목적을 위반하면 시정할 것을 요구할 수 있다.

〈개정 2009. 3. 5., 2020. 2. 18.〉

② 제1항에 따른 시정 요구를 받은 박물관이나 미술관은 정당한 사유가 없는 한 이에 따라야 한다.

③ 문화체육관광부장관, 시·도지사 또는 대도시 시장은 제1항에 따라 시정 요구를 받은 박물관이나 미술관이 정당한 사유 없이 이에 따르지 아니하면 6개월 이내의 기간을 정하여 정관(停館)을 명할 수 있다.

〈개정 2009. 3. 5., 2020. 2. 18.〉

④ 문화체육관광부장관, 시·도지사 또는 대도시 시장은 제1항에 따른 시정 요구를 위하여 필요하다고 인정하면 그 시설과 관리·운영에 관한 자료를 제출하게 할 수 있다.

〈개정 2009. 3. 5., 2020. 2. 18.〉

[제26조에서 이동, 종전 제28조는 제30조로 이동 〈2016. 5. 29.〉]

제29조(등록취소)

① 문화체육관광부장관, 시·도지사 또는 대도시 시장은 등록한 박물관이나 미술관이 다음 각 호의 어느 하나에 해당하면 그 등록을 취소할 수 있다. 다만, 천재지변이나 그 밖의 부득이한 사유로 제3호에 해당하게 된 경우 6개월 이내에 그 사유가 해소된 때에는 그러하지 아니하다.

〈개정 2009. 3. 5., 2016. 5. 29., 2020. 2. 18.〉

1. 속임수나 그 밖의 부정한 방법으로 등록을 한 경우
2. 제17조의2에 따른 변경 등록을 하지 아니한 경우
3. 제16조제2항에 따른 등록 요건을 유지하지 못하여 제4조에 따른 사업을 수행할 수 없다고 인정되는 경우
4. 제21조를 위반하여 제28조제1항에 따른 시정 요구를 받고도 이에 따르지 아니한 경우
5. 제28조제3항에 따른 정관명령을 받고도 박물관이나 미술관의 정관을 하지 아니한 경우
6. 그 밖에 이 법에 따른 박물관이나 미술관의 설립 목적을 위반하여 박물관자료나 미술관자료를 취득·알선·중개·관리한 경우

② 제1항에 따라 등록이 취소된 경우에 그 박물관 또는 미술관의 대표자는 7일 이내에 등록증을 문화체육관광부장관, 시·도지사 또는 대도시 시장에게 반납하여야 한다.

〈개정 2009. 3. 5., 2020. 2. 18.〉

③ 제1항에 따라 박물관이나 미술관의 등록이 취소되면 취소된 날부터 2년 이내에 취소된 등록 사항을 다시 등록할 수 없다.

[제27조에서 이동, 종전 제29조는 제31조로 이동 〈2016. 5. 29.〉]

제30조(보고)

① 제16조에 따라 등록한 국립 박물관과 미술관의 장, 시·도지사 또는 대도시 시장은 매년 대통령령으로 정하는 바에 따라 해당 국립 박물관과 미술관 또는 관할 등록 박물관과 미술관의 관리·운영, 관람료와 이용료, 지도·감독 현황 등의 운영 현황을 다음 해 1월 20일까지 문화체육관광부장관에게 보고하여야 한다.   〈개정 2008. 2. 29., 2009. 3. 5., 2020. 2. 18.〉

② 시·도지사 또는 대도시 시장은 제16조에 따른 박물관·미술관의 등록이나 제22조제4항 또는 제29조제1항에 따른 등록취소의 처분을 하면 그 처분을 한 날부터 7일 이내에 문화체육관광부장관에게 그 사실을 보고하여야 한다.   〈개정 2008. 2. 29., 2016. 5. 29., 2018. 10. 16., 2020. 2. 18.〉

[제28조에서 이동, 종전 제30조는 제32조로 이동 〈2016. 5. 29.〉]

제31조(청문)

문화체육관광부장관, 시·도지사 또는 대도시 시장은 다음 각 호의 어느 하나에 해당하는 처분을 하려면 청문을 하여야 한다.   〈개정 2009. 3. 5., 2016. 5. 29., 2019. 11. 26., 2020. 2. 18.〉

　　1. 제6조의2에 따른 자격취소

　　2. 제18조제4항에 따른 설립 계획의 승인취소

　　3. 제28조제3항에 따른 정관명령

　　4. 제29조제1항에 따른 등록취소

　　[제29조에서 이동, 종전 제31조는 제33조로 이동 〈2016. 5. 29.〉]

제9장 운영자문·협력 등 〈신설 2016. 5. 29.〉

제32조(중요 사항의 자문)

① 문화체육관광부장관은 다음 각 호의 사항에 관하여 필요한 경우 「문화재보호법」 제8조에 따라 설치된 문화재위원회에 자문을 할 수 있다.   〈개정 2008. 2. 29., 2013. 12. 30.〉

　　1. 제9조제1항에 따른 박물관과 미술관 진흥을 위한 기본 시책

　　2. 제11조에 따른 관계 중앙행정기관의 장과의 협의에 관한 사항

　　3. 그 밖에 박물관 또는 미술관의 진흥에 관하여 자문할 필요성이 있다고 인정되는 사항

② 시 · 도지사 또는 대도시 시장은 다음 각 호의 사항에 관하여 「문화재보호법」 제71조제1항에 따라 설치된 시 · 도문화재위원회에 자문을 하거나 제34조제1항에 따라 설립된 박물관 협회나 미술관 협회에 자문을 할 수 있다. 〈개정 2013. 12. 30., 2016. 5. 29., 2020. 2. 18.〉

1. 제9조제3항에 따른 박물관 및 미술관 진흥 계획

2. 박물관 또는 미술관의 등록과 그 취소에 관한 사항

3. 제18조에 따른 사립 박물관이나 사립 미술관 설립 계획 승인에 관한 사항

4. 사립 박물관 또는 사립 미술관에 대한 지원의 방향 및 지원사업의 평가에 관한 사항

5. 그 밖에 박물관 또는 미술관의 진흥에 관하여 자문할 필요성이 있다고 인정되는 사항

[제30조에서 이동, 종전 제32조는 제34조로 이동 〈2016. 5. 29.〉]

제33조(박물관 · 미술관 협력망)

① 문화체육관광부장관은 박물관 또는 미술관에 관한 자료의 효율적인 유통 · 관리 및 이용과 각종 박물관 또는 미술관의 상호 협력을 도모하기 위한 협력 체제로서 다음 각 호의 기능을 수행하는 박물관 · 미술관 협력망(이하 "협력망"이라 한다)을 구성한다. 〈개정 2008. 2. 29.〉

1. 전산 정보 체계를 통한 정보와 자료의 유통

2. 박물관자료나 미술관자료의 정리, 정보처리 및 시설 등의 표준화

3. 통합 데이터베이스 구축, 상호 대여 체계 구비 등 박물관이나 미술관 운영의 정보화 · 효율화

4. 그 밖에 박물관이나 미술관의 상호 협력에 관한 사항

② 박물관이나 미술관은 그 설립 목적을 달성하기 위하여 「지방문화원진흥법」, 「도서관법」 및 「문화예술진흥법」에 따라 설립된 문화원 · 도서관 · 문화예술회관 등 다른 문화시설과 협력하여야 한다.

③ 협력망의 조직과 운영을 위하여 필요한 사항은 대통령령으로 정한다.

[제31조에서 이동, 종전 제33조는 제35조로 이동 〈2016. 5. 29.〉]

제34조(협회)

① 문화체육관광부장관은 박물관 또는 미술관에 관한 정보 자료의 교환과 업무협조, 박물관이나 미술관의 관리 · 운영 등에 관한 연구, 외국의 박물관이나 미술관과의 교류, 그 밖에 박물관이나 미술관 종사자의 자질 향상을 위하여 필요한 경우 박물관 협회 또는 미술관 협회(이하 "협회"라 한다)의 법인 설립을 각각 허가할 수 있다. 〈개정 2007. 7. 27., 2008. 2. 29.〉

② 국가는 제1항에 따른 협회의 운영에 필요한 경비를 보조할 수 있다.

③ 협회에 관하여는 이 법에 규정된 것 외에는 「민법」 중 사단법인의 규정을 준용한다.

[제32조에서 이동 〈2016. 5. 29.〉]

제35조(국립박물관문화재단의 설립)

① 정부는 문화유산의 보존·계승 및 이용촉진과 국민의 문화향유 증진을 위하여 국립박물관문화재단(이하 "문화재단"이라 한다)을 설립한다.

② 문화재단은 법인으로 한다.

③ 문화재단에는 정관으로 정하는 바에 따라 임원과 필요한 직원을 둔다.

④ 문화재단은 다음 각 호의 사업을 한다.

    1. 국립 박물관 공연장 운영

    2. 문화예술 창작품 개발·보급

    3. 문화관광상품의 개발과 제작 및 보급

    4. 문화상품점, 식음료 매장, 그 밖의 편의 시설 등의 운영

    5. 국가, 지방자치단체 및 공공기관 등으로부터 위탁받은 사업

    6. 그 밖에 문화재단의 설립목적에 필요한 사업

⑤ 문화재단에 관하여 이 법에서 정한 것을 제외하고는 「민법」 중 재단법인에 관한 규정을 준용한다.

⑥ 정부는 예산의 범위에서 문화재단의 사업과 운영에 필요한 재정상의 지원을 할 수 있다.

⑦ 정부는 문화재단의 사업을 위하여 필요하다고 인정하는 경우 「국유재산법」에도 불구하고 국유재산을 문화재단에 무상으로 대부하거나 사용·수익하게 할 수 있다.

[본조신설 2010. 6. 10.]

[제33조에서 이동 〈2016. 5. 29.〉]

부칙 〈제17411호, 2020. 6. 9.〉

이 법은 공포 후 6개월이 경과한 날부터 시행한다.

박물관 및 미술관 진흥법 시행령

[시행 2021. 1. 1]
[대통령령 제30993호, 2020. 9. 8, 타법개정]

제1조 목적

이 영은 「박물관 및 미술관 진흥법」에서 위임된 사항과 그 시행에 필요한 사항을 규정함을 목적으로 한다.

제1조의2(박물관자료의 기준)

「박물관 및 미술관 진흥법」(이하 "법"이라 한다) 제2조제3호에서 "대통령령으로 정하는 기준"이란 다음 각 호와 같다.

　　1. 박물관의 설립목적 달성과 법 제4조의 사업 수행을 위하여 보존 또는 활용이 가능한 증거물일 것

　　2. 무형적 증거물의 경우 부호 · 문자 · 음성 · 음향 · 영상 등으로 표현된 자료나 정보일 것

[본조신설 2009. 6. 4.]

제2조(문화시설의 인정)

① 문화체육관광부장관이 법 제5조에 따라 법이 적용되는 문화시설을 인정하려면 법 제4조제1항 각 호에 따른 사업을 수행할 목적으로 설치 · 운영되는 동물원이나 식물원 또는 수족관 중에서 인정하여야 한다. 〈개정 2008. 2. 29., 2009. 6. 4.〉

② 문화체육관광부장관은 제1항에 따라 법의 적용을 받는 문화시설을 인정하려면 「문화재보호법」에 따른 문화재위원회의 의견을 들을 수 있다. 〈개정 2008. 2. 29.〉

제3조(학예사 자격요건 등)

① 법 제6조제3항 전단에 따른 박물관 · 미술관 학예사(이하 "학예사"라 한다)의 자격요건은 별표 1과 같다. 〈개정 2014. 8. 12.〉

② 문화체육관광부장관은 신청인의 자격요건을 심사한 후 별표 1의 자격요건을 갖춘 자에게는 자격증을 내주어야 한다. 〈개정 2008. 2. 29.〉

③ 학예사 자격요건의 심사, 자격증의 발급신청과 발급 등에 필요한 사항은 문화체육관광부령으로 정한다. 〈개정 2008. 2. 29.〉

제4조(준학예사 시험)

① 법 제6조제3항 후단에 따른 준학예사 시험은 연 1회 실시하는 것을 원칙으로 한다.
〈개정 2008. 2. 29., 2009. 1. 14., 2014. 8. 12.〉

② 문화체육관광부장관은 제1항에 따라 준학예사 시험을 실시할 때에는 준학예사 시험의 시행

일시 및 장소를 시험 시행일 90일 전까지 공고하여야 한다. 〈신설 2012. 5. 1.〉

③ 제1항에 따른 준학예사 시험의 방법은 필기시험에 의하되, 공통과목은 객관식으로, 선택과목은 주관식으로 시행한다. 〈개정 2012. 5. 1.〉

④ 준학예사 시험 과목은 다음 각 호와 같다. 〈개정 2012. 5. 1., 2016. 11. 29.〉

  1. 공통과목 : 박물관학 및 외국어(영어 · 불어 · 독어 · 일어 · 중국어 · 한문 · 스페인어 · 러시아어 및 이탈리아어 중 1과목 선택). 다만, 외국어 과목은 별표 1의2에 따른 외국어능력검정시험으로 대체할 수 있다.

  2. 선택과목 : 고고학 · 미술사학 · 예술학 · 민속학 · 서지학 · 한국사 · 인류학 · 자연사 · 과학사 · 문화사 · 보존과학 · 전시기획론 및 문학사 중 2과목 선택

⑤ 준학예사 시험은 매 과목(제4항제1호 단서에 따라 외국어 과목을 외국어능력검정시험으로 대체하는 경우에는 해당 과목은 제외한다) 100점 만점을 기준으로 하여 매 과목 40점 이상과 전 과목 평균 60점 이상을 득점한 자를 합격자로 한다. 〈개정 2012. 5. 1., 2016. 11. 29.〉

⑥ 준학예사 시험의 응시원서 제출과 합격증 발급, 그 밖에 시험을 실시하는 데에 필요한 사항은 문화체육관광부령으로 정한다. 〈개정 2008. 2. 29., 2012. 5. 1.〉

제5조(학예사 운영 위원회)

문화체육관광부장관은 제3조에 따른 학예사 자격요건의 심사나 그 밖에 학예사 자격제도의 시행에 필요한 사항을 심의하기 위하여 그 소속으로 박물관 · 미술관 학예사 운영 위원회를 구성하여 운영할 수 있다. 〈개정 2008. 2. 29.〉

제6조(박물관 · 미술관 운영 위원회)

① 법 제7조제1항에 따라 등록한 국공립의 박물관 또는 미술관에 두는 박물관 · 미술관 운영 위원회(이하 "운영 위원회"라 한다)는 위원장 1명을 포함하여 10명 이상 15명 이내의 위원으로 구성한다.

② 운영 위원회의 위원장은 위원 중에서 호선(互選)한다.

③ 운영 위원회의 위원은 해당 박물관 · 미술관이 소재한 지역의 문화 · 예술계 인사 중에서 그 박물관 · 미술관의 장이 위촉하는 자와 그 박물관 · 미술관의 장이 된다.

④ 운영 위원회는 다음 각 호의 사항을 심의한다.

  1. 박물관 · 미술관의 운영과 발전을 위한 기본방침에 관한 사항

  2. 박물관 · 미술관의 운영 개선에 관한 사항

  3. 박물관 · 미술관의 후원에 관한 사항

4. 다른 박물관·미술관과 각종 문화시설과의 업무협력에 관한 사항

제6조의2(수증심의위원회의 구성 등)

① 법 제8조제2항에 따른 수증심의위원회(이하 "수증심의위원회"라 한다)는 위원장 1명을 포함하여 3명 이상의 위원으로 구성한다.

② 수증심의위원회의 위원은 박물관 또는 미술관의 자료 등에 관하여 학식과 경험이 풍부한 사람 중에서 박물관 또는 미술관의 장이 위촉한다.

③ 수증심의위원회의 위원장은 박물관 또는 미술관의 장이 된다.

④ 위원회의 회의는 위원 과반수의 찬성으로 의결한다.

⑤ 박물관 또는 미술관의 장은 수증심의위원회의 심의를 거쳐 법 제8조제1항에 따른 기증품(이하 "기증품"이라 한다)을 기증받을지 여부를 결정한 후 기증을 하려는 자에게 서면으로 그 결과를 통보하여야 한다. 이 경우 기증받지 아니하는 것으로 결정하면 그 사유를 명시하여 즉시 해당 기증품을 반환하여야 한다.

⑥ 제1항부터 제5항까지에서 규정한 사항 외에 수증심의위원회의 운영 등에 필요한 사항은 박물관 또는 미술관의 장이 정한다.

[본조신설 2016. 11. 29.]

제6조의3(기증유물감정평가위원회의 구성 등)

① 법 제8조제3항에 따른 기증유물감정평가위원회(이하 "기증유물감정평가위원회"라 한다)는 위원장 1명을 포함하여 5명 이상의 위원으로 구성한다.

② 기증유물감정평가위원회의 위원은 박물관 또는 미술관 자료의 감정평가에 관하여 학식과 경험이 풍부한 사람 중에서 국립 박물관 또는 미술관의 장이 위촉한다.

③ 기증유물감정평가위원회의 위원장은 국립 박물관 또는 미술관의 장이 된다.

④ 위원회의 회의는 위원 과반수의 찬성으로 의결한다.

⑤ 제1항부터 제4항까지에서 규정한 사항 외에 기증유물감정평가위원회의 운영 등에 필요한 사항은 국립 박물관 또는 미술관의 장이 정한다.

[본조신설 2016. 11. 29.]

제7조(협의)

① 중앙행정기관의 장은 법 제11조제2항에 따라 국립박물관이나 국립미술관을 설립하려면 다음 각 호의 서류를 첨부하여 문화체육관광부장관에게 협의를 요청하여야 한다.

〈개정 2008. 2. 29.〉

1. 사업계획서

2. 시설의 명세서 및 평면도

3. 박물관 자료 또는 미술관 자료 내역서

4. 조직 및 정원

② 지방자치단체의 장은 법 제12조제1항에 따라 공립박물관이나 공립미술관을 설립하려면 제1항 각 호의 서류를 첨부하여 문화체육관광부장관에게 협의를 요청하여야 한다.

〈개정 2008. 2. 29.〉

제7조의2(공립 박물관 · 공립 미술관의 설립타당성 사전평가)

① 지방자치단체의 장은 법 제12조의2제1항에 따라 공립 박물관 또는 공립 미술관의 설립타당성에 관한 사전평가(이하 "사전평가"라 한다)를 받으려면 문화체육관광부령으로 정하는 사전평가 신청서에 다음 각 호의 사항에 관한 서류를 첨부하여 문화체육관광부장관에게 제출하여야 한다.   〈개정 2018. 5. 28.〉

1. 설립의 목적 및 필요성

2. 박물관 또는 미술관의 설립 추진계획 및 운영계획

3. 운영 조직 및 인력구성계획

4. 부지 및 시설 명세

5. 박물관 또는 미술관 자료의 목록 및 수집계획

② 사전평가는 반기별로 실시한다.

③ 지방자치단체의 장은 상반기에 실시되는 사전평가를 받으려면 1월 31일까지, 하반기에 실시되는 사전평가를 받으려면 7월 31일까지 제1항에 따른 사전평가 신청서와 첨부 서류를 문화체육관광부장관에게 제출하여야 한다.

④ 문화체육관광부장관은 상반기에 실시되는 사전평가의 경우에는 4월 30일까지, 하반기에 실시되는 사전평가의 경우에는 10월 31일까지 해당 사전평가를 완료하여야 한다.

⑤ 문화체육관광부장관은 제4항에 따른 사전평가 결과를 사전평가 완료일부터 14일 이내에 해당 지방자치단체의 장 및 관계 중앙행정기관의 장에게 통보하여야 한다.

⑥ 제1항부터 제5항까지에서 규정한 사항 외에 사전평가의 운영 등에 필요한 사항은 문화체육관광부장관이 정한다.

[본조신설 2016. 11. 29.]

[제목개정 2018. 5. 28.]

제8조(등록신청 등)

① 법 제16조제1항에 따라 박물관이나 미술관을 등록하려는 자는 등록신청서에 다음 각 호의 서류를 첨부하여 국립 박물관 및 미술관은 문화체육관광부장관에게, 공립·사립·대학 박물관 및 미술관은 관할 특별시장·광역시장·특별자치시장·도지사·특별자치도지사(이하 "시·도지사"라 한다) 또는 「지방자치법」 제175조에 따른 서울특별시·광역시 및 특별자치시를 제외한 인구 50만 이상 대도시의 시장(이하 "대도시 시장"이라 한다)에게 제출(전자문서에 의한 제출을 포함한다)해야 한다. 〈개정 2007. 12. 31., 2009. 6. 4., 2016. 11. 29., 2020. 9. 8.〉

1. 시설명세서

2. 박물관 자료 또는 미술관 자료의 목록

3. 학예사 명단

4. 관람료 및 자료의 이용료

② 제1항에 따른 신청을 받은 문화체육관광부장관, 시·도지사 또는 대도시 시장은 박물관 또는 미술관 자료의 규모와 가치, 학예사의 보유, 시설의 규모와 적정성 등에 대하여 심의한 후 박물관 또는 미술관의 등록 여부를 결정해야 한다. 〈신설 2016. 11. 29., 2020. 9. 8.〉

③ 문화체육관광부장관, 시·도지사 또는 대도시 시장은 제2항에 따라 등록을 하면 법 제17조제1항에 따라 문화체육관광부령으로 정하는 등록증을 내주어야 한다.

〈개정 2008. 2. 29., 2009. 6. 4., 2016. 11. 29., 2020. 9. 8.〉

제9조(등록요건)

① 법 제16조에 따른 박물관 또는 미술관의 등록은 박물관 또는 미술관의 자료, 학예사, 시설의 규모 등에 따라 제1종 박물관 또는 미술관, 제2종 박물관 또는 미술관으로 구분하여 등록한다. 〈개정 2016. 11. 29.〉

② 법 제16조제2항에서 "대통령령으로 정하는 요건"이란 별표 2에 따른 요건을 말한다.

〈신설 2016. 11. 29.〉

[제10조에서 이동, 종전 제9조는 제10조로 이동 〈2016. 11. 29.〉]

제10조(변경 등록)

① 법 제17조제1항에 따라 등록증을 받은 박물관 또는 미술관(이하 "등록 박물관·미술관"이라 한다)은 다음 각 호의 어느 하나에 해당하는 등록 사항에 변경이 발생하면 법 제17조의2제1항에 따라 그 등록 사항이 변경된 날부터 14일 이내에 문화체육관광부장관, 시·도지사 또는 대도시 시장에게 변경 등록을 신청해야 한다. 〈개정 2020. 9. 8.〉

1. 명칭, 설립자 또는 대표자

2. 종류

3. 소재지

4. 설립자 또는 대표자의 주소

5. 시설명세서

6. 박물관 자료 또는 미술관 자료의 목록

7. 학예사 명단

8. 관람료 및 자료의 이용료

② 제1항에 따라 변경 등록을 신청하려는 등록 박물관·미술관은 문화체육관광부령으로 정하는 변경등록 신청서에 다음 각 호의 서류를 첨부하여 문화체육관광부장관, 시·도지사 또는 대도시 시장에게 제출(전자문서에 의한 제출을 포함한다)해야 한다. 〈개정 2020. 9. 8.〉

1. 등록증(제1항제1호부터 제4호까지의 변경에 한정한다)

2. 변경 사항을 증명하는 서류

③ 문화체육관광부장관, 시·도지사 또는 대도시 시장은 제1항에 따른 변경 등록의 신청이 있는 날부터 30일 이내에 변경 사항이 기재된 등록증을 내주어야 한다. 〈개정 2020. 9. 8.〉

[전문개정 2016. 11. 29.]

[제9조에서 이동, 종전 제10조는 제9조로 이동 〈2016. 11. 29.〉]

제11조(등록표시)

제8조제2항에 따라 등록증을 받은 박물관과 미술관은 법 제17조제2항에 따라 옥외간판 등에 "문화체육관광부장관 또는 ○○시·도 등록 제○○호"를 표시하여야 한다. 〈개정 2009. 6. 4.〉

제12조(사립 박물관 또는 사립 미술관의 설립계획 승인신청)

① 법 제18조제1항에 따라 사립 박물관 또는 사립 미술관의 설립계획을 승인받으려는 자는 설립계획 승인 신청서에 다음 각 호의 서류를 첨부하여 시·도지사 또는 대도시 시장에게 제출(전자문서에 의한 제출을 포함한다)해야 한다. 〈개정 2007. 12. 31., 2020. 9. 8.〉

1. 사업계획서

2. 토지의 조서(위치·지번·지목·면적, 소유권 외의 권리명세, 소유자의 성명·주소, 지상권·지역권·전세권·저당권·사용대차 또는 임대차에 관한 권리, 토지에 관한 그 밖의 권리를 가진 자의 성명·주소를 적은 것)

3. 건물의 조서(위치·대지지번·건물구조·바닥면적·연면적, 소유권 외의 권리명세, 소유

자의 성명 · 주소, 전세권 · 저당권 · 사용대차 또는 임대차에 관한 권리, 건물에 관한 그 밖의 권리를 가진 자의 성명 · 주소를 적은 것)

4. 위치도

5. 개략설계도

6. 박물관 자료 또는 미술관 자료의 목록과 내역서

② 법 제18조제2항에 따라 설립계획의 변경승인을 받으려는 자는 설립계획 변경승인 신청서에 문화체육관광부령으로 정하는 서류를 첨부하여 시 · 도지사 또는 대도시 시장에게 제출(전자문서에 의한 제출을 포함한다)해야 한다. 〈개정 2007. 12. 31., 2008. 2. 29., 2020. 9. 8.〉

[제목개정 2020. 9. 8.]

제13조(중요 사항의 변경)

법 제18조제2항에서 "대통령령으로 정하는 중요한 사항"이란 승인된 해당 설립계획 중 다음 각 호의 어느 하나에 해당하는 사항을 말한다.

1. 박물관 · 미술관의 명칭 및 별표 2에 따른 종류 · 유형

2. 박물관 · 미술관의 설립위치 및 면적

3. 전시실 · 야외전시장 또는 수장고(收藏庫) 시설의 위치 및 면적

4. 전시실 · 야외전시장 또는 수장고 시설을 제외한 시설의 면적(해당 면적의 10분의 1 이상의 면적을 변경하는 경우로 한정한다)

5. 사업시행기간(해당 사업시행기간을 3개월 이상 연장하는 경우로 한정한다)

제14조(설립계획 승인 등의 협의)

① 시 · 도지사 또는 대도시 시장은 법 제18조제3항에 따라 소관 행정기관의 장에게 설립계획의 승인 또는 변경승인의 협의를 요청하는 때에는 각각 제12조제1항 또는 같은 조 제2항에 따른 서류의 사본을 첨부해야 한다. 〈개정 2020. 9. 8.〉

② 제1항에 따라 협의를 요청받은 소관 행정기관의 장은 특별한 사유가 없으면 협의요청을 받은 날부터 30일 이내에 의견을 통보하여야 한다.

제15조(설립계획 승인의 취소)

법 제18조제4항에 따라 시 · 도지사 또는 대도시 시장은 제12조에 따른 설립계획의 승인 또는 변경승인을 받은 자가 그 승인내용을 1년 이내에 추진하지 않거나 정당한 사유 없이 6개월 이상 사업추진을 중단하면 시정을 명할 수 있으며, 시정명령에 따르지 않으면 그 승인을 취소할 수 있

다. 〈개정 2020. 9. 8.〉

제16조(대관 및 편의시설)

① 등록한 박물관 또는 미술관은 필요한 경우 그 설립목적에 지장을 주지 아니하는 범위에서 그 시설의 일부를 대관(貸館)할 수 있다. 〈개정 2015. 1. 6.〉

② 등록한 박물관 또는 미술관은 그 설립목적을 달성하기 위하여 필요한 범위에서 매점 · 기념품 판매소, 그 밖의 편의시설을 설치하여 운영할 수 있다.

제17조(폐관신고)

등록한 박물관 또는 미술관을 폐관한 자는 법 제22조제1항에 따라 폐관 즉시 폐관신고서에 등록증, 박물관 또는 미술관의 시설 및 자료의 처리계획을 첨부하여 문화체육관광부장관, 시 · 도지사 또는 대도시 시장에게 신고해야 한다. 〈개정 2009. 6. 4., 2018. 5. 28., 2020. 9. 8.〉

제17조의2(박물관 및 미술관의 평가인증)

① 문화체육관광부장관은 법 제26조제1항에 따라 박물관 및 미술관에 대한 평가를 실시하려면 해당 연도의 평가대상을 매년 1월 31일까지 고시하여야 한다.

② 문화체육관광부장관은 다음 각 호의 기준에 따라 평가를 실시한다.

1. 설립 목적의 달성도
2. 조직 · 인력 · 시설 및 재정 관리의 적정성
3. 자료의 수집 및 관리의 충실성
4. 전시 개최 및 교육프로그램 실시 실적
5. 그 밖에 박물관 또는 미술관 운영의 적정성을 평가하는 데 필요하다고 인정되어 문화체육관광부장관이 정하는 사항

③ 문화체육관광부장관은 평가에 필요한 자료를 해당 박물관 및 미술관에 요청할 수 있다.

④ 문화체육관광부장관은 해당 박물관 및 미술관에 대한 평가 결과를 해당 연도의 12월 31일까지 해당 지방자치단체의 장, 박물관 및 미술관의 장에게 통보하고, 그 평가결과를 문화체육관광부 홈페이지 등에 공표하여야 한다.

⑤ 법 제26조제3항에 따른 인증의 유효기간은 2년으로 한다.

⑥ 법 제26조제4항에 따른 인증 박물관 · 미술관은 옥외간판, 각종 문서, 홍보물 및 박물관 또는 미술관 홈페이지 등에 해당 인증사실 및 내용을 표시할 수 있다.

⑦ 제1항부터 제6항까지에서 규정한 사항 외에 평가 실시 및 평가인증의 운영 등에 필요한 사항

은 문화체육관광부장관이 정하여 고시한다.

[본조신설 2016. 11. 29.]

제18조(시정요구 및 정관)

① 문화체육관광부장관, 시·도지사 또는 대도시 시장은 법 제28조제1항에 따라 시정을 요구하려면 해당 박물관이나 미술관이 위반한 내용, 시정할 사항과 시정기한 등을 명확하게 밝혀 서면으로 알려야 한다. 〈개정 2009. 6. 4., 2016. 11. 29., 2020. 9. 8.〉

② 문화체육관광부장관, 시·도지사 또는 대도시 시장은 법 제28조제3항에 따라 정관(停館)을 명하려면 그 사유와 정관기간 등을 명확하게 밝혀 서면으로 알려야 한다.

〈개정 2009. 6. 4., 2016. 11. 29., 2020. 9. 8.〉

제19조(공고)

문화체육관광부장관, 시·도지사 또는 대도시 시장은 다음 각 호의 사항이 발생하면 7일 이내에 공고해야 한다. 〈개정 2009. 6. 4., 2016. 11. 29., 2020. 9. 8.〉

1. 법 제16조제1항에 따른 박물관 또는 미술관의 등록

2. 법 제18조제1항에 따른 사립 박물관 또는 사립 미술관 설립계획의 승인

3. 법 제18조제4항에 따른 사립 박물관 또는 사립 미술관 설립계획승인의 취소

4. 법 제29조제1항에 따른 박물관 또는 미술관 등록의 취소

제20조(협력망 구성 등)

① 법 제33조제1항에 따른 박물관·미술관 협력망은 박물관 협력망과 미술관 협력망으로 구분한다. 〈개정 2016. 11. 29.〉

② 박물관 협력망과 미술관 협력망에 각각 중앙관과 지역대표관을 두되, 박물관 협력망의 중앙관은 국립중앙박물관과 국립민속박물관이, 미술관 협력망의 중앙관은 국립현대미술관이 되며, 박물관 협력망과 미술관 협력망의 지역대표관은 시·도지사 또는 대도시 시장이 지정하여 중앙관에 통보한다. 〈개정 2020. 9. 8.〉

③ 문화체육관광부장관은 법 제33조제1항에 따른 박물관·미술관 협력망의 기능을 효율적으로 수행하기 위하여 협력망 운영계획을 수립하여 시행할 수 있다. 〈개정 2008. 2. 29., 2016. 11. 29.〉

제21조(고유식별정보의 처리)

① 문화체육관광부장관(해당 권한이 위임·위탁된 경우에는 그 권한을 위임·위탁받은 자를

포함한다)은 다음 각 호의 사무를 수행하기 위하여 불가피한 경우 「개인정보 보호법 시행령」 제19조제1호 또는 제4호에 따른 주민등록번호 또는 외국인등록번호가 포함된 자료를 처리할 수 있다.

1. 법 제6조제3항 전단에 따른 학예사 자격 취득 신청의 접수, 자격요건의 심사 및 자격증 발급

2. 법 제6조제3항 후단에 따른 준학예사 시험의 관리에 관한 사무

② 문화체육관광부장관, 시·도지사 또는 대도시 시장(해당 권한이 위임·위탁된 경우에는 그 권한을 위임·위탁받은 자를 포함한다)은 법 제16조제1항 및 제17조의2제1항에 따른 박물관·미술관 등록 및 변경등록에 관한 사무를 수행하기 위하여 불가피한 경우 「개인정보 보호법 시행령」 제19조제1호 또는 제4호에 따른 주민등록번호 또는 외국인등록번호가 포함된 자료를 처리할 수 있다.

③ 시·도지사 또는 대도시 시장(해당 권한이 위임·위탁된 경우에는 그 권한을 위임·위탁받은 자를 포함한다)은 법 제18조제1항 및 제2항에 따른 사립 박물관 또는 사립 미술관 설립 계획의 승인 또는 변경 승인에 관한 사무를 수행하기 위하여 불가피한 경우 「개인정보 보호법 시행령」 제19조제1호 또는 제4호에 따른 주민등록번호 또는 외국인등록번호가 포함된 자료를 처리할 수 있다.

[전문개정 2020. 9. 8.]

제22조(규제의 재검토)

문화체육관광부장관은 제13조에 따른 설립계획 중 변경승인을 받아야 하는 중요 사항에 대하여 2017년 1월 1일을 기준으로 3년마다(매 3년이 되는 해의 1월 1일 전까지를 말한다) 그 타당성을 검토하여 개선 등의 조치를 하여야 한다.   〈개정 2016. 12. 30.〉

[본조신설 2014. 12. 9.]

부칙 〈제30993호, 2020. 9. 8.〉

이 영은 2021년 1월 1일부터 시행한다.

박물관 및 미술관 진흥법 시행규칙

[시행 2021. 1. 1]
[문화체육관광부령 제426호, 2020. 12. 28, 일부개정]

제1조(목적)

이 규칙은 「박물관 및 미술관 진흥법」과 같은 법 시행령에서 위임된 사항과 그 시행에 필요한 사항을 규정함을 목적으로 한다.

제2조(학예사 자격요건 심사 및 자격증 발급 신청서 등)

① 「박물관 및 미술관 진흥법」(이하 "법"이라 한다) 제6조제3항에 따른 박물관·미술관 학예사(이하 "학예사"라 한다)의 등급별 자격을 취득하려는 자는 별지 제1호서식의 학예사 자격요건 심사 및 자격증 발급 신청서에 다음 각 호의 서류 중 해당 서류와 반명함판 사진 2장을 첨부하여 문화체육관광부장관에게 제출하여야 한다. 〈개정 2008. 3. 6., 2014. 8. 28., 2016. 11. 29.〉

1. 해당 기관에서 발급한 재직경력증명서 또는 실무경력확인서

2. 학예사 자격증 사본

3. 최종학교 졸업증명서 또는 최종학교 학위증 사본

4. 삭제 〈2016. 11. 29.〉

② 제1항제1호에 따른 재직경력증명서와 실무경력확인서는 각각 별지 제2호서식과 별지 제3호서식에 따른다.

③ 「박물관 및 미술관 진흥법 시행령」(이하 "영"이라 한다) 제3조제2항에 따른 학예사 자격증은 별지 제4호서식에 따른다. 〈개정 2014. 8. 28.〉

제3조(응시원서 및 응시수수료)

① 영 제4조에 따른 준학예사 시험에 응시하려는 자는 별지 제5호서식의 준학예사 시험 응시원서를 작성하여 문화체육관광부장관에게 제출하여야 한다.

〈개정 2008. 3. 6., 2008. 8. 27., 2014. 8. 28.〉

1. 삭제 〈2008. 8. 27.〉

2. 삭제 〈2008. 8. 27.〉

② 법 제6조제4항에 따른 준학예사 시험의 응시수수료는 실비(實費) 등을 고려하여 문화체육관광부장관이 정하여 고시한다. 〈개정 2014. 8. 28.〉

③ 준학예사 시험에 응시하려는 사람이 납부한 응시수수료에 대한 반환기준은 다음 각 호와 같다. 〈신설 2011. 3. 17.〉

1. 응시수수료를 과오납한 경우: 그 과오납한 금액의 전부

2. 시험 시행일 20일 전까지 접수를 취소하는 경우: 납입한 응시수수료의 전부

3. 시험관리기관의 귀책사유로 인해 시험에 응시하지 못한 경우: 납입한 응시수수료의 전부

4. 시험 시행일 10일 전까지 접수를 취소하는 경우: 납입한 응시수수료의 100분의 50

제4조(박물관 · 미술관 학예사 운영 위원회의 구성 및 운영)

① 영 제5조에 따른 박물관 · 미술관 학예사 운영 위원회는 박물관 · 미술관계 및 학계 등의 인사 중에서 문화체육관광부장관이 위촉하는 15명 이내의 위원으로 구성한다.

〈개정 2008. 3. 6., 2016. 11. 29.〉

② 제1항에 따른 박물관 · 미술관 학예사 운영 위원회는 다음 각 호의 사항을 심의한다.

1. 준학예사 시험의 기본 방향
2. 학예사 자격 취득 신청자의 등급별 학예사 자격요건의 심사
3. 영 별표 1에 따른 경력인정 대상기관의 인정
4. 삭제 〈2009. 6. 3.〉

제4조의2(기증의 절차 등)

① 법 제8조제1항에 따른 기증품(이하 "기증품"이라 한다)을 기증하려는 자는 기증품과 별지 제5호의2서식의 기증서약서를 박물관 또는 미술관의 장에게 제출하여야 한다.

② 박물관 또는 미술관의 장은 영 제6조의2제5항에 따라 기증품을 기증받는 것으로 결정하면 해당 기증품에 관한 사항을 별지 제5호의3서식의 기증품 관리대장에 기록 · 관리하여야 한다.

③ 박물관 또는 미술관의 장은 기증받는 것으로 결정한 기증품의 명칭 · 수량 · 크기 및 사진을 박물관 또는 미술관의 홈페이지 등에 게시하여야 한다.

[본조신설 2016. 11. 29.]

제4조의3(박물관 · 미술관의 자료 목록 및 기록방법)

① 박물관과 미술관은 법 제9조의2제1항에 따라 박물관 · 미술관 자료의 취득에 관한 사항을 별지 제5호의4서식의 관리대장에 기록 · 관리(전자문서로 작성 · 관리하는 것을 포함한다. 이하 같다)하여야 한다.

② 박물관과 미술관은 법 제9조의2제1항에 따라 박물관 · 미술관 자료의 목록 및 자료의 변경 · 활용에 관한 사항을 별지 제5호의5서식의 관리대장에 기록 · 관리하여야 한다.

[본조신설 2018. 5. 29.]

[종전 제4조의3은 제4조의5로 이동 〈2018. 5. 29.〉]

제4조의4(박물관 · 미술관 소장품의 보존 및 관리)

박물관과 미술관은 법 제9조의2제2항에 따라 소장품의 보존 및 관리를 위하여 다음 각 호의 수장(收藏) 및 전시 환경을 마련하여야 한다.

1. 도난방지를 위하여 2개 이상의 잠금장치를 설치한 수장고(收藏庫)

2. 온도 · 습도 조절장치

3. 소화설비 및 안전장치

[본조신설 2018. 5. 29.]

제4조의5(공립 박물관 · 공립 미술관 사전평가 신청서)

영 제7조의2제1항에 따른 사전평가 신청서는 별지 제5호의6서식에 따른다.   〈개정 2018. 5. 29.〉

[본조신설 2016. 11. 29.]

[제목개정 2018. 5. 29.]

[제4조의3에서 이동 〈2018. 5. 29.〉]

제5조(등록 신청서 등)

① 영 제8조제1항에 따른 박물관 또는 미술관 등록 신청서는 별지 제6호서식에 따르고, 등록 신청서에 첨부하는 서류의 서식은 다음 각 호와 같다.

1. 시설명세서 : 별지 제7호서식

2. 박물관 자료 또는 미술관 자료의 목록 : 별지 제8호서식

3. 학예사 명단 : 별지 제9호서식

4. 관람료 및 자료의 이용료 : 별지 제10호서식

② 영 제8조제3항에 따른 박물관 또는 미술관 등록증은 별지 제11호서식에 따른다.

〈개정 2016. 11. 29.〉

제6조(변경등록 신청서 등)

① 영 제10조제2항에 따른 변경등록 신청서는 별지 제6호서식에 따른다.   〈개정 2016. 11. 29.〉

② 삭제 〈2016. 11. 29.〉

제7조(사립박물관 또는 사립미술관 설립계획 승인 신청서)

① 영 제12조에 따른 사립박물관 또는 사립미술관의 설립계획 승인 신청서와 설립계획 변경승인 신청서는 별지 제12호서식에 따른다.

② 영 제12조제2항에서 "문화체육관광부령으로 정하는 서류"란 설립계획 승인사항의 변경을 증

명하는 서류를 말한다. 〈개정 2008. 3. 6.〉

제8조(개방일수)

법 제16조제1항에 따라 등록한 박물관 또는 미술관은 법 제21조에 따라 연간 90일 이상 개방하되, 1일 개방시간은 4시간 이상이 되도록 하여야 한다.

제9조(폐관신고)

① 영 제17조에 따른 박물관 또는 미술관의 폐관신고서는 별지 제13호서식에 따른다.

〈개정 2018. 5. 29.〉

② 영 제17조에 따른 박물관 또는 미술관의 시설 및 자료의 처리계획은 별지 제13호의2서식에 따른다. 〈신설 2018. 5. 29.〉

제9조의2(인증서)

법 제26조제4항에 따른 인증서는 별지 제13호의3서식에 따른다. 〈개정 2018. 5. 29.〉

[본조신설 2016. 11. 29.]

제10조(등록박물관 및 등록미술관의 운영현황 보고서)

법 제28조에 따른 등록박물관 및 등록미술관의 운영현황 보고서는 별지 제14호서식에 따른다.

제11조(규제의 재검토)

① 문화체육관광부장관은 다음 각 호의 사항에 대하여 다음 각 호의 기준일을 기준으로 3년마다(매 3년이 되는 해의 기준일과 같은 날 전까지를 말한다) 그 타당성을 검토하여 개선 등의 조치를 하여야 한다. 〈개정 2015. 12. 30.〉

1. 삭제 2. 제3조에 따른 응시원서 제출 및 응시수수료 납부: 2014년 1월 1일

3. 삭제 〈2016. 12. 28.〉

② 삭제 〈2019. 8. 2.〉

[본조신설 2013. 12. 31.]

부칙 〈제426호, 2020. 12. 28.〉

이 규칙은 2021년 1월 1일부터 시행한다.

제2부

문화재보호법

제1장 총칙

제1조(목적)

이 법은 문화재를 보존하여 민족문화를 계승하고, 이를 활용할 수 있도록 함으로써 국민의 문화적 향상을 도모함과 아울러 인류문화의 발전에 기여함을 목적으로 한다.

제2조(정의)

① 이 법에서 "문화재"란 인위적이거나 자연적으로 형성된 국가적·민족적 또는 세계적 유산으로서 역사적·예술적·학술적 또는 경관적 가치가 큰 다음 각 호의 것을 말한다.

〈개정 2015. 3. 27., 2020. 12. 22.〉

1. 유형문화재: 건조물, 전적(典籍: 글과 그림을 기록하여 묶은 책), 서적(書跡), 고문서, 회화, 조각, 공예품 등 유형의 문화적 소산으로서 역사적·예술적 또는 학술적 가치가 큰 것과 이에 준하는 고고자료(考古資料)

2. 무형문화재: 여러 세대에 걸쳐 전승되어 온 무형의 문화적 유산 중 다음 각 목의 어느 하나에 해당하는 것을 말한다.

    가. 전통적 공연·예술

    나. 공예, 미술 등에 관한 전통기술

    다. 한의약, 농경·어로 등에 관한 전통지식

    라. 구전 전통 및 표현

    마. 의식주 등 전통적 생활관습

    바. 민간신앙 등 사회적 의식(儀式)

    사. 전통적 놀이·축제 및 기예·무예

3. 기념물: 다음 각 목에서 정하는 것

    가. 절터, 옛무덤, 조개무덤, 성터, 궁터, 가마터, 유물포함층 등의 사적지(史蹟地)와 특별히 기념이 될 만한 시설물로서 역사적·학술적 가치가 큰 것

    나. 경치 좋은 곳으로서 예술적 가치가 크고 경관이 뛰어난 것

    다. 동물(그 서식지, 번식지, 도래지를 포함한다), 식물(그 자생지를 포함한다), 지형, 지질, 광물, 동굴, 생물학적 생성물 또는 특별한 자연현상으로서 역사적·경관적 또는 학술적 가치가 큰 것

4. 민속문화재: 의식주, 생업, 신앙, 연중행사 등에 관한 풍속이나 관습에 사용되는 의복, 기구, 가옥 등으로서 국민생활의 변화를 이해하는 데 반드시 필요한 것

② 이 법에서 "문화재교육"이란 문화재의 역사적·예술적·학술적·경관적 가치 습득을 통하여 문화재 애호의식을 함양하고 민족 정체성을 확립하는 등에 기여하는 교육을 말하며, 문화재교육의 구체적 범위와 유형은 대통령령으로 정한다. 〈신설 2019. 11. 26.〉

③ 이 법에서 "지정문화재"란 다음 각 호의 것을 말한다. 〈개정 2014. 1. 28., 2019. 11. 26.〉

1. 국가지정문화재: 문화재청장이 제23조부터 제26조까지의 규정에 따라 지정한 문화재

2. 시·도지정문화재: 특별시장·광역시장·특별자치시장·도지사 또는 특별자치도지사 (이하 "시·도지사"라 한다)가 제70조제1항에 따라 지정한 문화재

3. 문화재자료: 제1호나 제2호에 따라 지정되지 아니한 문화재 중 시·도지사가 제70조제2항에 따라 지정한 문화재

④ 이 법에서 "등록문화재"란 지정문화재가 아닌 문화재 중에서 다음 각 호의 것을 말한다.

〈개정 2018. 12. 24., 2019. 11. 26.〉

1. 국가등록문화재: 문화재청장이 제53조에 따라 등록한 문화재

2. 시·도등록문화재: 시·도지사가 제70조제3항에 따라 등록한 문화재

⑤ 이 법에서 "보호구역"이란 지상에 고정되어 있는 유형물이나 일정한 지역이 문화재로 지정된 경우에 해당 지정문화재의 점유 면적을 제외한 지역으로서 그 지정문화재를 보호하기 위하여 지정된 구역을 말한다. 〈개정 2019. 11. 26.〉

⑥ 이 법에서 "보호물"이란 문화재를 보호하기 위하여 지정한 건물이나 시설물을 말한다.

〈개정 2019. 11. 26.〉

⑦ 이 법에서 "역사문화환경"이란 문화재 주변의 자연경관이나 역사적·문화적인 가치가 뛰어난 공간으로서 문화재와 함께 보호할 필요성이 있는 주변 환경을 말한다. 〈개정 2019. 11. 26.〉

⑧ 이 법에서 "건설공사"란 토목공사, 건축공사, 조경공사 또는 토지나 해저의 원형변경이 수반되는 공사로서 대통령령으로 정하는 공사를 말한다. 〈개정 2019. 11. 26.〉

⑨ 이 법에서 "국외소재문화재"란 외국에 소재하는 문화재(제39조제1항 단서 또는 제60조제1항 단서에 따라 반출된 문화재는 제외한다)로서 대한민국과 역사적·문화적으로 직접적 관련이 있는 것을 말한다. 〈개정 2017. 3. 21., 2019. 11. 26.〉

제3조(문화재보호의 기본원칙)

문화재의 보존·관리 및 활용은 원형유지를 기본원칙으로 한다.

제4조(국가와 지방자치단체 등의 책무)

① 국가는 문화재의 보존·관리 및 활용을 위한 종합적인 시책을 수립·추진하여야 한다.

② 지방자치단체는 국가의 시책과 지역적 특색을 고려하여 문화재의 보존·관리 및 활용을 위한 시책을 수립·추진하여야 한다.

③ 국가와 지방자치단체는 각종 개발사업을 계획하고 시행하는 경우 문화재나 문화재의 보호물·보호구역 및 역사문화환경이 훼손되지 아니하도록 노력하여야 한다.

④ 국민은 문화재의 보존·관리를 위하여 국가와 지방자치단체의 시책에 적극 협조하여야 한다.

제5조(다른 법률과의 관계)

① 문화재의 보존·관리 및 활용에 관하여 다른 법률에 특별한 규정이 있는 경우를 제외하고는 이 법에서 정하는 바에 따른다.

② 지정문화재(제32조에 따른 임시지정문화재를 포함한다)의 수리·실측·설계·감리와 매장문화재의 보호 및 조사, 무형문화재 보전 및 진흥에 관하여는 따로 법률로 정한다.

〈개정 2015. 3. 27., 2019. 11. 26.〉

제2장 문화재 보호 정책의 수립 및 추진

제6조(문화재기본계획의 수립)

① 문화재청장은 시·도지사와의 협의를 거쳐 문화재의 보존·관리 및 활용을 위하여 다음 각 호의 사항이 포함된 종합적인 기본계획(이하 "문화재기본계획"이라 한다)을 5년마다 수립하여야 한다. 〈개정 2012. 1. 26., 2015. 3. 27., 2017. 3. 21., 2019. 11. 26.〉

1. 문화재 보존에 관한 기본방향 및 목표

2. 이전의 문화재기본계획에 관한 분석 평가

3. 문화재 보수·정비 및 복원에 관한 사항

4. 문화재의 역사문화환경 보호에 관한 사항

5. 문화재 안전관리에 관한 사항

6. 문화재 기록정보화에 관한 사항

7. 문화재 보존에 사용되는 재원의 조달에 관한 사항

7의2. 국외소재문화재 환수 및 활용에 관한 사항

7의3. 남북한 간 문화재 교류 협력에 관한 사항

7의4. 문화재교육에 관한 사항

8. 문화재의 보존·관리 및 활용 등을 위한 연구개발에 관한 사항

9. 그 밖에 문화재의 보존·관리 및 활용에 필요한 사항

② 문화재청장은 문화재기본계획을 수립하는 경우 대통령령으로 정하는 소유자, 관리자 또는 관리단체 및 관련 전문가의 의견을 들어야 한다.

③ 문화재청장은 문화재기본계획을 수립하면 이를 시·도지사에게 알리고, 관보(官報) 등에 고시하여야 한다.

④ 문화재청장은 문화재기본계획을 수립하기 위하여 필요하면 시·도지사에게 관할구역의 문화재에 대한 자료를 제출하도록 요청할 수 있다.

제6조의2(문화재의 연구개발)

① 문화재청장은 문화재의 보존·관리 및 활용 등의 연구개발을 효율적으로 추진하기 위하여 고유연구 외에 공동연구 등을 실시할 수 있다.

② 제1항에 따른 공동연구는 분야별 연구과제를 선정하여 대학, 산업체, 지방자치단체, 정부출연연구기관 등과 협약을 맺어 실시한다.

③ 문화재청장은 제2항에 따른 공동연구의 수행에 필요한 비용의 전부 또는 일부를 예산의 범위에서 출연하거나 지원할 수 있다.

④ 제2항에 따른 공동연구의 대상 사업이나 그 밖에 공동연구 수행에 필요한 사항은 대통령령으로 정한다.

[본조신설 2017. 3. 21.]

제7조(문화재 보존 시행계획 수립)

① 문화재청장 및 시·도지사는 문화재기본계획에 관한 연도별 시행계획(이하 "시행계획"이라 한다)을 수립·시행하여야 한다. 〈개정 2019. 11. 26.〉

② 시·도지사는 해당 연도의 시행계획 및 전년도의 추진실적을 대통령령으로 정하는 바에 따라 매년 문화재청장에게 제출하여야 한다. 〈개정 2019. 11. 26.〉

③ 문화재청장 및 시·도지사는 시행계획을 수립한 때에는 이를 공표하여야 한다.

④ 시행계획의 수립·시행 및 제3항에 따른 공표방법 등에 관하여 필요한 사항은 대통령령으로 정한다. 〈개정 2019. 11. 26.〉

제7조의2(국회 보고)

문화재청장은 문화재기본계획, 해당 연도 시행계획 및 전년도 추진실적을 확정한 후 지체 없이 국회 소관 상임위원회에 제출하여야 한다.

[본조신설 2019. 11. 26.]

제8조(문화재위원회의 설치)

① 문화재의 보존·관리 및 활용에 관한 다음 각 호의 사항을 조사·심의하기 위하여 문화재청에 문화재위원회를 둔다. 〈개정 2018. 12. 24.〉

1. 문화재기본계획에 관한 사항

2. 국가지정문화재의 지정과 그 해제에 관한 사항

3. 국가지정문화재의 보호물 또는 보호구역 지정과 그 해제에 관한 사항

4. 삭제 〈2015. 3. 27.〉

5. 국가지정문화재의 현상변경에 관한 사항

6. 국가지정문화재의 국외 반출에 관한 사항

7. 국가지정문화재의 역사문화환경 보호에 관한 사항

8. 국가등록문화재의 등록 및 등록 말소에 관한 사항

9. 매장문화재 발굴 및 평가에 관한 사항

10. 국가지정문화재의 보존·관리에 관한 전문적 또는 기술적 사항으로서 중요하다고 인정되는 사항

11. 그 밖에 문화재의 보존·관리 및 활용 등에 관하여 문화재청장이 심의에 부치는 사항

② 문화재위원회 위원은 다음 각 호의 어느 하나에 해당하는 자 중에서 문화재청장이 위촉한다.

1. 「고등교육법」에 따른 대학에서 문화재의 보존·관리 및 활용과 관련된 학과의 부교수 이상에 재직하거나 재직하였던 사람

2. 문화재의 보존·관리 및 활용과 관련된 업무에 10년 이상 종사한 사람

3. 인류학·사회학·건축·도시계획·관광·환경·법률·종교·언론분야의 업무에 10년 이상 종사한 사람으로서 문화재에 관한 지식과 경험이 풍부한 전문가

③ 제1항 각 호의 사항에 관하여 문화재 종류별로 업무를 나누어 조사·심의하기 위하여 문화

재위원회에 분과위원회를 둘 수 있다.

④ 제3항에 따른 분과위원회는 조사·심의 등을 위하여 필요한 경우 다른 분과위원회와 함께 위원회(이하 "합동분과위원회"라 한다)를 열 수 있다.

⑤ 분과위원회 또는 합동분과위원회에서 제1항제2호부터 제11호까지에 관하여 조사·심의한 사항은 문화재위원회에서 조사·심의한 것으로 본다. 〈신설 2017. 11. 28.〉

⑥ 문화재위원회, 분과위원회 및 합동분과위원회는 다음 각 호의 사항을 적은 회의록을 작성하여야 한다. 이 경우 필요하다고 인정되면 속기나 녹음 또는 녹화를 할 수 있다.
〈개정 2017. 11. 28.〉

1. 회의일시 및 장소

2. 출석위원

3. 심의내용 및 의결사항

⑦ 제6항에 따라 작성된 회의록은 공개하여야 한다. 다만, 특정인의 재산상의 이익에 영향을 미치거나 사생활의 비밀을 침해하는 등 대통령령으로 정하는 경우에는 해당 위원회의 의결로 공개하지 아니할 수 있다. 〈개정 2017. 11. 28.〉

⑧ 문화재위원회, 분과위원회 및 합동분과위원회의 조직, 분장사항 및 운영 등에 필요한 사항은 대통령령으로 정한다. 〈개정 2017. 11. 28.〉

⑨ 문화재위원회에는 문화재청장이나 각 분과위원회 위원장의 명을 받아 문화재위원회의 심의 사항에 관한 자료수집·조사 및 연구 등의 업무를 수행하는 비상근 전문위원을 둘 수 있다.
〈신설 2011. 7. 14., 2017. 11. 28.〉

⑩ 문화재위원회 위원 및 전문위원의 수와 임기, 전문위원의 자격 등에 필요한 사항은 대통령령으로 정한다. 〈신설 2011. 7. 14., 2017. 11. 28.〉

제9조(한국문화재재단의 설치)

① 문화재의 보호·보존·보급 및 활용과 전통생활문화의 계발을 위하여 문화재청 산하에 한국문화재재단(이하 "재단"이라 한다)을 설립한다. 〈개정 2014. 5. 28.〉

② 재단은 법인으로 한다. 〈개정 2014. 5. 28.〉

③ 재단은 설립목적을 달성하기 위하여 다음 각 호의 사업을 수행한다. 〈신설 2014. 5. 28.〉

1. 공연·전시 등 무형문화재 활동 지원 및 진흥

2. 문화재 관련 교육, 출판, 학술조사·연구 및 콘텐츠 개발·활용

3. 「매장문화재 보호 및 조사에 관한 법률」 제11조제1항 및 같은 조 제3항 단서에 따른 매장문화재 발굴

4. 전통 문화상품·음식·혼례 등의 개발·보급 및 편의시설 등의 운영

5. 문화재 공적개발원조 등 국제교류

6. 문화재 보호운동의 지원

7. 전통문화행사의 복원 및 재현

8. 국가·지방자치단체 또는 공공기관 등으로부터 위탁받은 사업

9. 재단의 설립목적을 달성하기 위한 수익사업과 그 밖에 정관으로 정하는 사업

④ 재단에는 정관으로 정하는 바에 따라 임원과 필요한 직원을 둔다.   〈개정 2014. 5. 28.〉

⑤ 재단에 관하여 이 법에 규정한 것 외에는 「민법」 중 재단법인에 관한 규정을 준용한다.

〈개정 2014. 5. 28.〉

⑥ 재단 운영에 필요한 경비는 국고에서 지원할 수 있다.   〈개정 2014. 5. 28.〉

⑦ 국가나 지방자치단체는 재단의 업무 수행을 위하여 필요하다고 인정하면 국유재산이나 공유재산을 무상으로 사용·수익하게 할 수 있다.   〈개정 2014. 5. 28.〉

[제목개정 2014. 5. 28.]

제3장 문화재 보호의 기반 조성

제10조(문화재 기초조사)

① 국가 및 지방자치단체는 문화재의 멸실 방지 등을 위하여 현존하는 문화재의 현황, 관리실태 등에 대하여 조사하고 그 기록을 작성할 수 있다.

② 문화재청장 및 지방자치단체의 장은 제1항에 따른 조사를 위하여 필요한 경우 직접 조사하거나 문화재의 소유자, 관리자 또는 조사·발굴과 관련된 단체 등에 대하여 관련 자료의 제출을 요구할 수 있다.

③ 문화재청장 및 지방자치단체의 장은 지정문화재가 아닌 문화재에 대하여 조사를 할 경우에는 해당 문화재의 소유자 또는 관리자의 사전 동의를 받아야 한다.

④ 문화재 조사의 구체적인 절차와 방법 등에 관하여 필요한 사항은 대통령령으로 정한다.

제11조(문화재 정보화의 촉진)

① 문화재청장은 제10조에 따른 조사 자료와 그 밖의 문화재 보존·관리에 필요한 자료를 효율적으로 활용하고, 국민이 문화재 정보에 쉽게 접근하고 이용할 수 있도록 문화재정보체계를 구축·운영하여야 한다.

② 문화재청장은 제1항에 따른 문화재정보체계 구축을 위하여 관계 중앙행정기관의 장 및 지방자치단체의 장과 박물관·연구소 등 관련 법인 및 단체의 장에게 필요한 자료의 제출을 요청할 수 있다. 이 경우 요청을 받은 자는 특별한 사유가 없으면 이에 따라야 한다.

〈개정 2017. 11. 28.〉

③ 문화재청장은 제2항에 따라 필요한 자료의 제출을 요청하는 경우 관계 중앙행정기관의 장 및 지방자치단체의 장 외의 자에 대하여는 정당한 대가를 지급할 수 있다. 〈신설 2017. 11. 28.〉

④ 제1항에 따른 문화재정보체계의 구축 범위·운영절차 및 그 밖에 필요한 사항은 대통령령으로 정한다. 〈개정 2017. 11. 28.〉

제12조(건설공사 시의 문화재 보호)

건설공사로 인하여 문화재가 훼손, 멸실 또는 수몰(水沒)될 우려가 있거나 그 밖에 문화재의 역사문화환경 보호를 위하여 필요한 때에는 그 건설공사의 시행자는 문화재청장의 지시에 따라 필요한 조치를 하여야 한다. 이 경우 그 조치에 필요한 경비는 그 건설공사의 시행자가 부담한다.

제13조(역사문화환경 보존지역의 보호)

① 시·도지사는 지정문화재(동산에 속하는 문화재와 무형문화재를 제외한다. 이하 이 조에서 같다)의 역사문화환경 보호를 위하여 문화재청장과 협의하여 조례로 역사문화환경 보존지역을 정하여야 한다.

② 건설공사의 인가·허가 등을 담당하는 행정기관은 지정문화재의 외곽경계(보호구역이 지정되어 있는 경우에는 보호구역의 경계를 말한다. 이하 이 조에서 같다)의 외부 지역에서 시행하려는 건설공사로서 제1항에 따라 시·도지사가 정한 역사문화환경 보존지역에서 시행하는 건설공사에 관하여는 그 공사에 관한 인가·허가 등을 하기 전에 해당 건설공사의 시행이 지정문화재의 보존에 영향을 미칠 우려가 있는 행위에 해당하는지 여부를 검토하여야 한다. 이 경우 해당 행정기관은 대통령령으로 정하는 바에 따라 관계 전문가의 의견을 들어야 한다. 〈개정 2014. 1. 28., 2019. 11. 26.〉

③ 역사문화환경 보존지역의 범위는 해당 지정문화재의 역사적·예술적·학문적·경관적 가치와 그 주변 환경 및 그 밖에 문화재 보호에 필요한 사항 등을 고려하여 그 외곽경계로부터

500미터 안으로 한다. 다만, 문화재의 특성 및 입지여건 등으로 인하여 지정문화재의 외곽경계로부터 500미터 밖에서 건설공사를 하게 되는 경우에 해당 공사가 문화재에 영향을 미칠 것이 확실하다고 인정되면 500미터를 초과하여 범위를 정할 수 있다. 〈개정 2019. 11. 26.〉

④ 제27조제2항에 따라 지정된 보호구역이 조정된 경우 시 · 도지사는 지정문화재의 보존에 영향을 미치지 않는다고 판단하면 문화재청장과 협의하여 제3항에 따라 정한 역사문화환경 보존지역의 범위를 기존의 범위대로 유지할 수 있다. 〈신설 2019. 11. 26.〉

⑤ 문화재청장 또는 시 · 도지사는 문화재를 지정하면 그 지정 고시가 있는 날부터 6개월 안에 역사문화환경 보존지역에서 지정문화재의 보존에 영향을 미칠 우려가 있는 행위에 관한 구체적인 행위기준을 정하여 고시하여야 한다. 〈개정 2019. 11. 26.〉

⑥ 제5항에 따른 구체적인 행위기준을 정하려는 경우 문화재청장은 시 · 도지사 또는 시장 · 군수 · 구청장(자치구의 구청장을 말한다. 이하 같다)에게, 시 · 도지사는 시장 · 군수 · 구청장에게 필요한 자료 또는 의견을 제출하도록 요구할 수 있다. 〈신설 2014. 1. 28., 2019. 11. 26.〉

⑦ 제5항에 따른 구체적인 행위기준이 고시된 지역에서 그 행위기준의 범위 안에서 행하여지는 건설공사에 관하여는 제2항에 따른 검토는 생략한다. 〈개정 2014. 1. 28., 2019. 11. 26.〉

⑧ 제6항에 따른 자료 또는 의견 제출절차 등에 필요한 세부 사항은 문화체육관광부령으로 정한다. 〈신설 2014. 1. 28., 2019. 11. 26.〉

제14조(화재등 방지 시책 수립과 교육훈련 · 홍보 실시)

① 문화재청장과 시 · 도지사는 지정문화재 및 등록문화재의 화재, 재난 및 도난(이하 "화재등"이라 한다) 방지를 위하여 필요한 시책을 수립하고 이를 시행하여야 한다.

② 문화재청장과 지방자치단체의 장은 문화재 소유자, 관리자 및 관리단체 등을 대상으로 문화재 화재등에 대한 초기대응과 평상시 예방관리를 위한 교육훈련을 실시하여야 한다.

③ 문화재청장과 지방자치단체의 장은 문화재 화재등의 방지를 위한 대국민 홍보를 실시하여야 한다.

[전문개정 2017. 3. 21.]

제14조의2(화재등 대응매뉴얼 마련 등)

① 문화재청장 및 시 · 도지사는 지정문화재 및 등록문화재의 특성에 따른 화재등 대응매뉴얼을 마련하고, 이를 그 소유자, 관리자 또는 관리단체가 사용할 수 있도록 조치하여야 한다.

② 제1항에 따른 매뉴얼에 포함되어야 할 사항, 매뉴얼을 마련하여야 하는 문화재의 범위 및 매뉴얼의 정기적 점검 · 보완 등에 필요한 사항은 대통령령으로 정한다.

[본조신설 2017. 3. 21.]

제14조의3(화재등 방지 시설 설치 등)

① 지정문화재의 소유자, 관리자 및 관리단체는 지정문화재의 화재예방 및 진화를 위하여 「화재예방, 소방시설 설치 · 유지 및 안전관리에 관한 법률」에서 정하는 기준에 따른 소방시설과 재난방지를 위한 시설을 설치하고 유지 · 관리하여야 하며, 지정문화재의 도난방지를 위하여 문화체육관광부령으로 정하는 기준에 따라 도난방지장치를 설치하고 유지 · 관리하도록 노력하여야 한다.

② 제1항의 시설을 설치하고 유지 · 관리하는 자는 해당 시설과 역사문화환경보존지역이 조화를 이루도록 하여야 한다.

③ 문화재청장 또는 지방자치단체의 장은 다음 각 호의 어느 하나에 해당하는 시설을 설치 또는 유지 · 관리하는 자에게 예산의 범위에서 그 소요비용의 전부나 일부를 보조할 수 있다.

　1. 제1항에 따른 소방시설, 재난방지 시설 또는 도난방지장치

　2. 제14조의4제2항에 따른 금연구역과 흡연구역의 표지

[본조신설 2017. 3. 21.]

제14조의4(금연구역의 지정 등)

① 지정문화재 및 등록문화재와 그 보호물 · 보호구역 및 보관시설(이하 이 조에서 "지정문화재등"이라 한다)의 소유자, 관리자 또는 관리단체는 지정문화재등 해당 시설 또는 지역 전체를 금연구역으로 지정하여야 한다. 다만, 주거용 건축물은 화재의 우려가 없는 경우에 한정하여 금연구역과 흡연구역을 구분하여 지정할 수 있다.

② 지정문화재등의 소유자, 관리자 또는 관리단체는 제1항에 따른 금연구역과 흡연구역을 알리는 표지를 설치하여야 한다.

③ 시 · 도지사는 제2항을 위반한 자에 대하여 일정한 기간을 정하여 그 시정을 명할 수 있다.

④ 제2항에 따른 금연구역과 흡연구역을 알리는 표지의 설치 기준 및 방법 등은 문화체육관광부령 또는 시 · 도조례로 정한다.

⑤ 누구든지 제1항에 따른 금연구역에서 흡연을 하여서는 아니 된다.

[본조신설 2017. 3. 21.]

제14조의5(관계 기관 협조 요청)

문화재청장 또는 지방자치단체의 장은 화재등 방지시설을 점검하거나, 화재등에 대비한 훈련을

하는 경우 또는 화재등에 대한 긴급대응이 필요한 경우에 다음 각 호의 어느 하나에 해당하는 기관 또는 단체의 장에게 필요한 장비 및 인력의 협조를 요청할 수 있으며, 요청을 받은 기관 및 단체의 장은 특별한 사유가 없으면 이에 협조하여야 한다.

    1. 소방관서

    2. 경찰관서

    3. 「재난 및 안전관리 기본법」 제3조제5호의 재난관리책임기관

    4. 그 밖에 대통령령으로 정하는 문화재 보호 관련 기관 및 단체

    [본조신설 2017. 3. 21.]

제14조의6(정보의 구축 및 관리)

  ① 문화재청장은 화재등 문화재 피해에 대하여 효과적으로 대응하기 위하여 문화재 방재 관련 정보를 정기적으로 수집하여 이를 데이터베이스화하여 구축·관리하여야 한다. 이 경우 문화재청장은 구축된 정보가 항상 최신으로 유지될 수 있도록 하여야 한다.

  ② 제1항에 따른 정보의 구축범위 및 운영절차 등 세부사항은 대통령령으로 정한다.

    [본조신설 2017. 3. 21.]

제15조(문화재보호활동의 지원 등)

  문화재청장은 문화재를 보호·보존·보급하거나 널리 알리기 위하여 필요하다고 인정하면 관련 단체를 지원·육성할 수 있다. 〈개정 2020. 12. 22.〉

제15조의2(문화재매매업자 교육)

  문화재청장은 문화재매매업자 등을 대상으로 문화재매매업자가 준수하여야 할 사항과 문화재 관련 소양 등에 관한 교육을 실시하여야 한다.

    [본조신설 2020. 6. 9.]

제16조(문화재 전문인력의 양성)

  ① 문화재청장은 문화재의 보호·관리 및 수리 등을 위한 전문인력을 양성할 수 있다.

  ② 문화재청장은 제1항의 전문인력 양성을 위하여 필요하다고 인정하면 장학금을 지급할 수 있다.

  ③ 문화재청장은 제2항의 장학금(이하 "장학금"이라 한다)을 지급받고 있는 자의 교육이나 연구 상황을 확인하기 위하여 필요하다고 인정하면 성적증명서나 연구실적보고서를 제출하도록

명할 수 있다.

④ 장학금을 지급받고 있는 자 또는 받은 자는 수학이나 연구의 중단, 내용 변경 등 문화체육관광부령으로 정하는 사유가 발생하면 지체 없이 문화재청장에게 신고하여야 한다.

⑤ 문화재청장은 수학이나 연구의 중단, 내용변경, 실적저조 등 문화체육관광부령으로 정하는 사유가 발생하면 장학금 지급을 중지하거나 반환을 명할 수 있다.

⑥ 제1항부터 제5항까지의 규정에 따른 장학금 지급 대상자, 장학금 지급 신청, 장학금 지급 중지 또는 반환 등에 필요한 사항은 문화체육관광부령으로 정한다.

제17조(문화재 국제교류협력의 촉진 등)

① 국가는 문화재 관련 국제기구 및 다른 국가와의 협력을 통하여 문화재에 관한 정보와 기술교환, 인력교류, 공동조사 · 연구 등을 적극 추진하여야 한다.

② 문화재청장은 예산의 범위에서 제1항에 따른 문화재분야 협력에 관한 시책을 추진하는 데 필요한 비용의 전부 또는 일부를 지원할 수 있다.

제17조의2 삭제 〈2015. 3. 27.〉

제18조(남북한 간 문화재 교류 협력)

① 국가는 남북한 간 문화재분야의 상호교류 및 협력을 증진할 수 있도록 노력하여야 한다.

② 문화재청장은 남북한 간 문화재분야의 상호교류 및 협력증진을 위하여 북한의 문화재 관련 정책 · 제도 및 현황 등에 관하여 조사 · 연구하여야 한다.

③ 문화재청장은 대통령령으로 정하는 바에 따라 제1항 및 제2항에 따른 교류 협력사업과 조사 · 연구 등을 위하여 필요한 경우 관련 단체 등에 협력을 요청할 수 있으며, 이에 사용되는 경비의 전부 또는 일부를 지원할 수 있다.

제19조(세계유산등의 등재 및 보호)

① 문화재청장은 「세계문화유산 및 자연유산의 보호에 관한 협약」 , 「무형문화유산의 보호를 위한 협약」 또는 유네스코의 프로그램에 따라 국내의 우수한 문화재를 유네스코에 세계유산, 인류무형문화유산 또는 세계기록유산으로 등재 신청할 수 있다. 이 경우 등재 신청 대상 선정절차 등에 관하여는 유네스코의 규정을 참작하여 문화재청장이 정한다. 〈개정 2011. 4. 6.〉

② 문화재청장은 유네스코에 세계유산, 인류무형문화유산 또는 세계기록유산으로 등재된 문화재(이하 이 조에서 "세계유산등"이라 한다)를 비롯한 인류 문화재를 보존하고 문화재를 국외

에 널리 알리기 위하여 적극 노력하여야 한다. 〈개정 2011. 4. 6., 2020. 12. 22.〉

③ 국가와 지방자치단체는 세계유산등에 대하여는 등재된 날부터 국가지정문화재에 준하여 유지·관리 및 지원하여야 하며, 문화재청장은 대통령령으로 정하는 바에 따라 세계유산과 그 역사문화환경에 영향을 미칠 우려가 있는 행위를 하는 자에 대하여 세계유산과 그 역사문화환경의 보호에 필요한 조치를 할 것을 명할 수 있다.

제20조(외국문화재의 보호)

① 인류의 문화유산을 보존하고 국가 간의 우의를 증진하기 위하여 대한민국이 가입한 문화재 보호에 관한 국제조약(이하 "조약"이라 한다)에 가입된 외국의 법령에 따라 문화재로 지정·보호되는 문화재(이하 "외국문화재"라 한다)는 조약과 이 법에서 정하는 바에 따라 보호되어야 한다.

② 문화재청장은 국내로 반입하려 하거나 이미 반입된 외국문화재가 해당 반출국으로부터 불법반출된 것으로 인정할 만한 상당한 이유가 있으면 그 문화재를 유치할 수 있다.

③ 문화재청장은 제2항에 따라 외국문화재를 유치하면 그 외국문화재를 박물관 등에 보관·관리하여야 한다.

④ 문화재청장은 제3항에 따라 보관 중인 외국문화재가 그 반출국으로부터 적법하게 반출된 것임이 확인되면 지체 없이 이를 그 소유자나 점유자에게 반환하여야 한다. 그 외국문화재가 불법반출된 것임이 확인되었으나 해당 반출국이 그 문화재를 회수하려는 의사가 없는 것이 분명한 경우에도 또한 같다.

⑤ 문화재청장은 외국문화재의 반출국으로부터 대한민국에 반입된 외국문화재가 자국에서 불법반출된 것임을 증명하고 조약에 따른 정당한 절차에 따라 그 반환을 요청하는 경우 또는 조약에 따른 반환 의무를 이행하는 경우에는 관계 기관의 협조를 받아 조약에서 정하는 바에 따라 해당 문화재가 반출국에 반환될 수 있도록 필요한 조치를 하여야 한다.

제21조(비상시의 문화재보호)

① 문화재청장은 전시·사변 또는 이에 준하는 비상사태 시 문화재의 보호에 필요하다고 인정하면 국유문화재와 국유 외의 지정문화재 및 제32조에 따른 임시지정문화재를 안전한 지역으로 이동·매몰 또는 그 밖에 필요한 조치를 하거나 해당 문화재의 소유자, 보유자, 점유자, 관리자 또는 관리단체에 대하여 그 문화재를 안전한 지역으로 이동·매몰 또는 그 밖에 필요한 조치를 하도록 명할 수 있다. 〈개정 2019. 11. 26.〉

② 문화재청장은 전시·사변 또는 이에 준하는 비상사태 시 문화재 보호를 위하여 필요하면 제

39조에도 불구하고 이를 국외로 반출할 수 있다. 이 경우에는 미리 국무회의의 심의를 거쳐야 한다.

③ 제1항에 따른 조치 또는 명령의 이행으로 인하여 손실을 받은 자에 대한 보상에 관하여는 제46조를 준용한다. 다만, 전쟁의 피해 등 불가항력으로 인한 경우에는 예외로 한다.

〈개정 2020. 12. 22.〉

제22조(지원 요청)

문화재청장이나 그 명령을 받은 공무원은 제21조제1항의 조치를 위하여 필요하면 관계 기관의 장에게 필요한 지원을 요청할 수 있다.

제22조의2(문화재교육의 진흥을 위한 정책의 추진)

국가와 지방자치단체는 문화재교육의 진흥을 위하여 다음 각 호의 사항에 관한 정책을 수립하고 시행하기 위하여 노력하여야 한다.

1. 문화재교육의 진흥을 위한 기반 구축
2. 문화재교육 프로그램 및 교육자료의 개발·보급
3. 문화재교육 관련 전문인력의 양성 및 지원
4. 「유아교육법」 제22조 및 「초·중등교육법」 제21조에 따른 교원에 대한 문화재교육의 지원
5. 문화재교육 진흥을 위한 재원조달 방안
6. 그 밖에 문화재교육 진흥을 위하여 필요한 사항

[본조신설 2019. 11. 26.]

제22조의3(문화재교육의 실태조사)

① 문화재청장은 문화재교육 관련 정책의 수립·시행을 위하여 문화재교육 현황 등에 대한 실태조사를 실시할 수 있다.

② 제1항의 실태조사의 범위와 방법, 그 밖에 필요한 사항은 대통령령으로 정한다.

[본조신설 2019. 11. 26.]

제22조의4(문화재교육지원센터의 지정 등)

① 문화재청장은 지역 문화재교육을 활성화하기 위하여 문화재교육을 목적으로 하거나 문화재교육을 실시할 능력이 있다고 인정되는 기관 또는 단체를 문화재교육지원센터(이하 "지원센

터"라 한다)로 지정할 수 있다.

② 지원센터는 다음 각 호의 사업을 수행한다.

    1. 지역 문화재교육 인력의 연수 및 활용

    2. 지역 실정에 맞는 문화재교육 프로그램 및 문화재교육 교재의 개발과 운영

    3. 지역 문화재교육 관련 기관 또는 단체 간의 협력망 구축 및 운영

    4. 소외계층 등 지역주민에 대한 문화재교육

    5. 지역 문화재교육을 활성화하기 위하여 문화재청장이 위탁하는 사업

    6. 그 밖에 지역 실정에 맞는 문화재교육을 하기 위하여 필요한 사업

③ 문화재청장은 제1항에 따라 지정된 지원센터가 다음 각 호의 어느 하나에 해당하는 경우에는 대통령령으로 정하는 바에 따라 그 지정을 취소하거나 6개월의 범위에서 그 업무의 정지를 명할 수 있다. 다만, 제1호에 해당하는 경우에는 그 지정을 취소하여야 한다.

    1. 거짓이나 그 밖의 부정한 방법으로 지정을 받은 경우

    2. 지정요건을 충족하지 못한 경우

    3. 업무수행능력이 현저히 부족하다고 인정하는 경우

④ 화재청장은 대통령령으로 정하는 바에 따라 문화재교육에 관한 업무를 지원센터 및 그 밖에 대통령령으로 정하는 기관에 위탁할 수 있다.

⑤ 국가 및 지방자치단체는 지원센터에 대하여 예산의 범위에서 사업 수행에 필요한 비용의 전부 또는 일부를 지원할 수 있다.

⑥ 그 밖에 지원센터의 지정요건 및 운영 등에 필요한 사항은 대통령령으로 정한다.

[본조신설 2019. 11. 26.]

제22조의5(문화재교육의 지원)

① 국가 및 지방자치단체는 국민들의 문화재에 대한 이해와 관심을 높이기 위하여 문화재교육 내용의 연구 · 개발 및 문화재교육 활동을 위한 시설 · 장비를 지원할 수 있다.

② 국가 및 지방자치단체는 문화재교육의 지원을 위하여 예산의 범위에서 그 사업비의 전부 또는 일부를 보조할 수 있다.

[본조신설 2019. 11. 26.]

제22조의6(문화재교육 프로그램의 개발 · 보급 및 인증 등)

① 문화재청장 및 지방자치단체는 모든 국민에게 다양한 문화재교육의 기회를 제공하기 위하여 문화재교육 프로그램을 개발 · 보급할 수 있다.

② 문화재교육 프로그램을 개발·운영하는 자는 문화재청장에게 문화재교육 프로그램에 대한 인증을 신청할 수 있다.

③ 문화재청장은 제2항에 따라 인증을 신청한 문화재교육 프로그램이 교육내용·교육과목·교육시설 등 문화체육관광부령으로 정하는 인증기준에 부합하는 경우 이를 인증할 수 있다.

④ 제3항에 따른 인증의 유효기간은 인증을 받은 날부터 3년으로 한다.

⑤ 제3항에 따라 인증을 받은 자는 해당 문화재교육 프로그램에 대하여 문화체육관광부령으로 정하는 바에 따라 인증표시를 할 수 있다.

⑥ 누구든지 제3항에 따른 인증을 받지 아니한 문화재교육 프로그램에 대하여 제5항의 인증표시를 하거나 이와 비슷한 표시를 하여서는 아니 된다.

⑦ 그 밖에 문화재교육 프로그램 인증에 필요한 사항은 문화체육관광부령으로 정한다.

[본조신설 2019. 11. 26.]

제22조의7(문화재교육 프로그램 인증의 취소)

문화재청장은 제22조의6제3항에 따라 인증한 문화재교육 프로그램이 다음 각 호의 어느 하나에 해당하는 경우에는 그 인증을 취소할 수 있다. 다만, 제1호에 해당하는 경우에는 이를 취소하여야 한다.

　　1. 거짓이나 그 밖의 부정한 방법으로 인증 받은 경우

　　2. 제22조의6제3항에 따른 인증기준에 적합하지 아니한 경우

　　[본조신설 2019. 11. 26.]

제22조의8(지정문화재 등의 기증)

① 지정문화재 및 등록문화재의 소유자는 문화재청에 해당 문화재를 기증할 수 있다.

② 문화재청장은 제1항에 따라 문화재를 기증받는 경우에는 제3항에 따라 설치된 문화재수증심의위원회의 심의를 거쳐 수증여부를 결정하여야 한다.

③ 지정문화재 및 등록문화재의 소유자가 기증하는 문화재의 수증 여부를 결정하기 위하여 문화재청에 문화재수증심의위원회를 두며, 문화재수증심의위원회의 구성 및 운영 등에 필요한 사항은 대통령령으로 정한다.

④ 문화재청장은 제1항에 따른 문화재의 기증이 있을 때에는 「기부금품의 모집 및 사용에 관한 법률」에도 불구하고 이를 접수할 수 있다.

⑤ 문화재청장은 제1항에 따른 기증에 현저한 공로가 있는 자에 대하여 시상(施賞)을 하거나 「상훈법」에 따른 서훈을 추천할 수 있으며, 문화재 관련 전시회 개최 등의 예우를 할 수 있다.

⑥ 제1항에 따른 기증의 절차, 관리·운영방법 및 제5항에 따른 추천 및 예우 등에 필요한 사항은 문화체육관광부령으로 정한다.

[본조신설 2020. 6. 9.]

제4장 국가지정문화재

제1절 지정

제23조(보물 및 국보의 지정)

① 문화재청장은 문화재위원회의 심의를 거쳐 유형문화재 중 중요한 것을 보물로 지정할 수 있다.

② 문화재청장은 제1항의 보물에 해당하는 문화재 중 인류문화의 관점에서 볼 때 그 가치가 크고 유례가 드문 것을 문화재위원회의 심의를 거쳐 국보로 지정할 수 있다.

③ 제1항과 제2항에 따른 보물과 국보의 지정기준과 절차 등에 필요한 사항은 대통령령으로 정한다.

제24조(국가무형문화재의 지정)

① 문화재청장은 「무형문화재 보전 및 진흥에 관한 법률」 제9조에 따른 무형문화재위원회의 심의를 거쳐 무형문화재 중 중요한 것을 국가무형문화재로 지정할 수 있다. 〈개정 2015. 3. 27.〉

② 삭제 〈2015. 3. 27.〉

③ 삭제 〈2015. 3. 27.〉

④ 삭제 〈2015. 3. 27.〉

⑤ 삭제 〈2015. 3. 27.〉

[제목개정 2015. 3. 27.]

제25조(사적, 명승, 천연기념물의 지정)

① 문화재청장은 문화재위원회의 심의를 거쳐 기념물 중 중요한 것을 사적, 명승 또는 천연기념

물로 지정할 수 있다.

② 제1항에 따른 사적, 명승, 천연기념물의 지정기준과 절차 등에 필요한 사항은 대통령령으로 정한다.

제26조(국가민속문화재 지정)

① 문화재청장은 문화재위원회의 심의를 거쳐 민속문화재 중 중요한 것을 국가민속문화재로 지정할 수 있다. 〈개정 2017. 3. 21.〉

② 제1항에 따른 국가민속문화재의 지정기준과 절차 등에 필요한 사항은 대통령령으로 정한다. 〈개정 2017. 3. 21.〉

[제목개정 2017. 3. 21.]

제27조(보호물 또는 보호구역의 지정)

① 문화재청장은 제23조·제25조 또는 제26조에 따른 지정을 할 때 문화재 보호를 위하여 특히 필요하면 이를 위한 보호물 또는 보호구역을 지정할 수 있다.

② 문화재청장은 인위적 또는 자연적 조건의 변화 등으로 인하여 조정이 필요하다고 인정하면 제1항에 따라 지정된 보호물 또는 보호구역을 조정할 수 있다.

③ 문화재청장은 제1항 및 제2항에 따라 보호물 또는 보호구역을 지정하거나 조정한 때에는 지정 또는 조정 후 매 10년이 되는 날 이전에 다음 각 호의 사항을 고려하여 그 지정 및 조정의 적정성을 검토하여야 한다. 다만, 특별한 사정으로 인하여 적정성을 검토하여야 할 시기에 이를 할 수 없는 경우에는 대통령령으로 정하는 기간까지 그 검토시기를 연기할 수 있다.

1. 해당 문화재의 보존가치

2. 보호물 또는 보호구역의 지정이 재산권 행사에 미치는 영향

3. 보호물 또는 보호구역의 주변 환경

④ 제1항부터 제3항까지의 규정에 따른 지정, 조정 및 적정성 검토 등에 필요한 사항은 대통령령으로 정한다.

제28조(지정의 고시 및 통지)

① 문화재청장이 제23조, 제25조부터 제27조까지의 규정에 따라 국가지정문화재(보호물과 보호구역을 포함한다)를 지정하면 그 취지를 관보에 고시하고, 지체 없이 해당 문화재의 소유자에게 알려야 한다. 〈개정 2015. 3. 27.〉

② 제1항의 경우 그 문화재의 소유자가 없거나 분명하지 아니하면 그 점유자 또는 관리자에게

이를 알려야 한다.

[제목개정 2015. 3. 27.]

제29조(지정서의 교부)

① 문화재청장은 제23조나 제26조에 따라 국보, 보물 또는 국가민속문화재를 지정하면 그 소유자에게 해당 문화재의 지정서를 내주어야 한다. 〈개정 2017. 3. 21.〉

② 삭제 〈2015. 3. 27.〉

[제목개정 2015. 3. 27.]

제30조(지정의 효력 발생 시기)

제23조, 제25조부터 제27조까지의 규정에 따른 지정은 그 문화재의 소유자, 점유자 또는 관리자에 대하여는 관보에 고시한 날부터 그 효력을 발생한다. 〈개정 2015. 3. 27.〉

[제목개정 2015. 3. 27.]

제31조(지정의 해제)

① 문화재청장은 제23조·제25조 또는 제26조에 따라 지정된 문화재가 국가지정문화재로서의 가치를 상실하거나 가치평가를 통하여 지정을 해제할 필요가 있을 때에는 문화재위원회의 심의를 거쳐 그 지정을 해제할 수 있다.

② 삭제 〈2015. 3. 27.〉

③ 삭제 〈2015. 3. 27.〉

④ 문화재청장은 제27조제3항에 따른 검토 결과 보호물 또는 보호구역 지정이 적정하지 아니하거나 그 밖에 특별한 사유가 있으면 보호물 또는 보호구역 지정을 해제하거나 그 범위를 조정하여야 한다. 국가지정문화재 지정이 해제된 경우에는 지체 없이 해당 문화재의 보호물 또는 보호구역 지정을 해제하여야 한다.

⑤ 제1항 및 제4항에 따른 문화재 지정의 해제에 관한 고시 및 통지와 그 효력 발생시기에 관하여는 제28조 및 제30조를 준용한다. 〈개정 2015. 3. 27.〉

⑥ 국보, 보물 또는 국가민속문화재의 소유자가 제5항과 제28조에 따른 해제 통지를 받으면 그 통지를 받은 날부터 30일 이내에 해당 문화재 지정서를 문화재청장에게 반납하여야 한다. 〈개정 2017. 3. 21.〉

⑦ 삭제 〈2015. 3. 27.〉

[제목개정 2015. 3. 27.]

제32조(임시지정)

① 문화재청장은 제23조·제25조 또는 제26조에 따라 지정할 만한 가치가 있다고 인정되는 문화재가 지정 전에 원형보존을 위한 긴급한 필요가 있고 문화재위원회의 심의를 거칠 시간적 여유가 없으면 중요문화재로 임시지정할 수 있다. 〈개정 2019. 11. 26.〉

② 제1항에 따른 임시지정의 효력은 임시지정된 문화재(이하 "임시지정문화재"라 한다)의 소유자, 점유자 또는 관리자에게 통지한 날부터 발생한다. 〈개정 2019. 11. 26.〉

③ 제1항에 따른 임시지정은 임시지정한 날부터 6개월 이내에 제23조·제25조 또는 제26조에 따른 지정이 없으면 해제된 것으로 본다. 〈개정 2019. 11. 26.〉

④ 제1항에 따른 임시지정의 통지와 임시지정서의 교부에 관하여는 제28조와 제29조제1항을 준용하되, 제28조제1항에 따른 관보 고시는 하지 아니한다. 〈개정 2019. 11. 26.〉

[제목개정 2019. 11. 26.]

제2절 관리 및 보호

제33조(소유자관리의 원칙)

① 국가지정문화재의 소유자는 선량한 관리자의 주의로써 해당 문화재를 관리·보호하여야 한다.

② 국가지정문화재의 소유자는 필요에 따라 그에 대리하여 그 문화재를 관리·보호할 관리자를 선임할 수 있다.

제34조(관리단체에 의한 관리)

① 문화재청장은 국가지정문화재의 소유자가 분명하지 아니하거나 그 소유자 또는 관리자에 의한 관리가 곤란하거나 적당하지 아니하다고 인정하면 해당 국가지정문화재 관리를 위하여 지방자치단체나 그 문화재를 관리하기에 적당한 법인 또는 단체를 관리단체로 지정할 수 있다. 이 경우 국유에 속하는 국가지정문화재 중 국가가 직접 관리하지 아니하는 문화재의 관리단체는 관할 특별자치시, 특별자치도 또는 시·군·구(자치구를 말한다. 이하 같다)가 된다. 다만, 문화재가 2개 이상의 시·군·구에 걸쳐 있는 경우에는 관할 특별시·광역시·도(특별자치시와 특별자치도는 제외한다)가 관리단체가 된다. 〈개정 2014. 1. 28.〉

② 관리단체로 지정된 지방자치단체는 문화재청장과 협의하여 그 문화재를 관리하기에 적당한 법인 또는 단체에 해당 문화재의 관리 업무를 위탁할 수 있다.

③ 문화재청장은 제1항 전단에 따라 관리단체를 지정할 경우에 그 문화재의 소유자나 지정하려는 지방자치단체, 법인 또는 단체의 의견을 들어야 한다.

④ 문화재청장이 제1항에 따라 관리단체를 지정하면 지체 없이 그 취지를 관보에 고시하고, 국가지정문화재의 소유자 또는 관리자와 해당 관리단체에 이를 알려야 한다.

⑤ 누구든지 제1항에 따라 지정된 관리단체의 관리행위를 방해하여서는 아니 된다.

〈개정 2014. 1. 28.〉

⑥ 관리단체가 국가지정문화재를 관리할 때 필요한 운영비 등 경비는 이 법에 특별한 규정이 없으면 해당 관리단체의 부담으로 하되, 관리단체가 부담능력이 없으면 국가나 지방자치단체가 예산의 범위에서 이를 지원할 수 있다.

〈개정 2016. 2. 3.〉

⑦ 제1항에 따른 관리단체 지정의 효력 발생 시기에 관하여는 제30조를 준용한다.

제34조의2(국가에 의한 특별관리)

① 문화재청장은 국가지정문화재에 대하여 제34조제1항에도 불구하고 소유자·관리자 또는 관리단체에 의한 관리가 곤란하거나 적당하지 아니하다고 인정하면 문화재위원회의 심의를 거쳐 해당 문화재를 특별히 직접 관리·보호할 수 있다.

② 제1항에 따른 국가지정문화재의 관리·보호에 필요한 경비는 국가가 부담한다.

[본조신설 2014. 1. 28.]

제35조(허가사항)

① 국가지정문화재(국가무형문화재는 제외한다. 이하 이 조에서 같다)에 대하여 다음 각 호의 어느 하나에 해당하는 행위를 하려는 자는 대통령령으로 정하는 바에 따라 문화재청장의 허가를 받아야 하며, 허가사항을 변경하려는 경우에도 문화재청장의 허가를 받아야 한다. 다만, 국가지정문화재 보호구역에 안내판 및 경고판을 설치하는 행위 등 대통령령으로 정하는 경미한 행위에 대해서는 특별자치시장, 특별자치도지사, 시장·군수 또는 구청장의 허가(변경허가를 포함한다)를 받아야 한다.

〈개정 2014. 1. 28., 2015. 3. 27., 2017. 11. 28., 2019. 11. 26., 2020. 12. 22.〉

1. 국가지정문화재(보호물·보호구역과 천연기념물 중 죽은 것 및 제41조제1항에 따라 수입·반입 신고된 것을 포함한다)의 현상을 변경하는 행위로서 대통령령으로 정하는 행위

2. 국가지정문화재(동산에 속하는 문화재는 제외한다)의 보존에 영향을 미칠 우려가 있는 행위로서 대통령령으로 정하는 행위

3. 국가지정문화재를 탁본 또는 영인(影印: 원본을 사진 등의 방법으로 복제하는 것)하거나

그 보존에 영향을 미칠 우려가 있는 촬영을 하는 행위

    4. 명승이나 천연기념물로 지정되거나 임시지정된 구역 또는 그 보호구역에서 동물, 식물, 광물을 포획(捕獲) · 채취(採取)하거나 이를 그 구역 밖으로 반출하는 행위

② 국가지정문화재와 시 · 도지정문화재의 역사문화환경 보존지역이 중복되는 지역에서 제1항 제2호에 따라 문화재청장이나 특별자치시장, 특별자치도지사, 시장 · 군수 또는 구청장의 허가를 받은 경우에는 제74조제2항에 따른 시 · 도지사의 허가를 받은 것으로 본다.

                                                                     〈개정 2014. 1. 28.〉

③ 문화재청장은 제1항제2호에 따른 국가지정문화재의 보존에 영향을 미칠 우려가 있는 행위에 관하여 허가한 사항 중 대통령령으로 정하는 경미한 사항의 변경허가에 관하여는 시 · 도지사에게 위임할 수 있다.

                                                                      〈개정 2014. 1. 28.〉

④ 문화재청장과 특별자치시장, 특별자치도지사, 시장 · 군수 또는 구청장은 제1항에 따른 허가 또는 변경허가의 신청을 받은 날부터 30일 이내에 허가 여부를 신청인에게 통지하여야 한다.

                                                                      〈신설 2018. 6. 12.〉

⑤ 문화재청장과 특별자치시장, 특별자치도지사, 시장 · 군수 또는 구청장이 제4항에서 정한 기간 내에 허가 또는 변경허가 여부나 민원 처리 관련 법령에 따른 처리기간의 연장을 신청인에게 통지하지 아니하면 그 기간(민원 처리 관련 법령에 따라 처리기간이 연장 또는 재연장된 경우에는 해당 처리기간을 말한다)이 끝난 날의 다음 날에 허가 또는 변경허가를 한 것으로 본다.

                                                                      〈신설 2018. 6. 12.〉

제36조(허가기준)

① 문화재청장과 특별자치시장, 특별자치도지사, 시장 · 군수 또는 구청장은 제35조제1항에 따라 허가신청을 받으면 그 허가신청 대상 행위가 다음 각 호의 기준에 맞는 경우에만 허가하여야 한다. 〈개정 2014. 1. 28., 2019. 11. 26.〉

    1. 문화재의 보존과 관리에 영향을 미치지 아니할 것

    2. 문화재의 역사문화환경을 훼손하지 아니할 것

    3. 문화재기본계획과 시행계획에 들어맞을 것

② 문화재청장과 특별자치시장, 특별자치도지사, 시장 · 군수 또는 구청장은 제1항에 따른 허가를 위하여 필요한 경우 대통령령으로 정하는 바에 따라 관계 전문가에게 조사를 하게 할 수 있다. 〈신설 2014. 1. 28.〉

제37조(허가사항의 취소)

① 문화재청장은 제35조제1항 본문, 같은 조 제3항, 제39조제1항 단서, 같은 조 제3항 및 제48조
제5항에 따라 허가를 받은 자가 다음 각 호의 어느 하나에 해당하는 경우에는 허가를 취소할
수 있다.　　　　　　　　　　　　　　　　　〈개정 2014. 1. 28., 2016. 2. 3., 2018. 6. 12.〉

　　1. 허가사항이나 허가조건을 위반한 때

　　2. 속임수나 그 밖의 부정한 방법으로 허가를 받은 때

　　3. 허가사항의 이행이 불가능하거나 현저히 공익을 해할 우려가 있다고 인정되는 때

② 특별자치시장, 특별자치도지사, 시장·군수 또는 구청장은 제35조제1항 단서에 따라 허가를
받은 자가 제1항 각 호의 어느 하나에 해당하는 경우에는 허가를 취소할 수 있다.

　　　　　　　　　　　　　　　　　　　　　　　　　　　　　〈신설 2014. 1. 28.〉

③ 제35조제1항에 따라 허가를 받은 자가 착수신고를 하지 아니하고 허가기간이 지난 때에는
그 허가가 취소된 것으로 본다.　　　　　　　　　　　　　　　　〈개정 2014. 1. 28.〉

제38조(천연기념물 동물의 치료 등)

① 천연기념물 동물이 조난당하면 구조를 위한 운반, 약물 투여, 수술, 사육 및 야생 적응훈련 등
(이하 "치료"라 한다)은 시·도지사가 지정하는 동물치료소에서 하게 할 수 있다.

② 시·도지사는 제1항에 따른 동물치료소를 지정하는 경우에 문화재에 관한 전문지식을 가지
고 있거나 천연기념물 보호활동 또는 야생동물의 치료경험이 있는 다음 각 호의 어느 하나에
해당하는 기관 중에서 지정하여야 하며, 지정절차 및 그 밖에 필요한 사항은 지방자치단체의
조례로 정한다.

　　1. 「수의사법」에 따른 수의사 면허를 받은 자가 개설하고 있는 동물병원

　　2. 「수의사법」에 따른 수의사 면허를 받은 자를 소속 직원으로 두고 있는 지방자치단체의
　　　축산 관련 기관

　　3. 「수의사법」에 따른 수의사 면허를 받은 자를 소속 회원으로 두고 있는 관리단체 또는 동
　　　물 보호단체

③ 문화재청장과 특별자치시장, 특별자치도지사, 시장·군수 또는 구청장은 천연기념물 동물의
조난으로 긴급한 보호가 필요하면 제35조제1항에도 불구하고 동물치료소에 현상변경허가가
없이 먼저 치료한 후 그 결과를 보고하게 할 수 있다.　　　　　　　〈개정 2014. 1. 28.〉

④ 국가나 지방자치단체는 천연기념물 동물을 치료한 동물치료소에 예산의 범위에서 치료에
드는 경비를 지급할 수 있다. 이 경우 천연기념물 동물 치료 경비 지급에 관한 업무는 문화체
육관광부령으로 정하는 천연기념물의 치료와 보호 관련 단체에 위탁할 수 있으며, 치료 경비

지급절차 및 그 밖에 필요한 사항은 문화체육관광부령으로 정한다.

⑤ 시 · 도지사는 동물치료소가 다음 각 호의 어느 하나에 해당하면 그 지정을 취소할 수 있다.

〈개정 2016. 2. 3.〉

1. 거짓이나 그 밖의 부정한 방법으로 지정을 받은 경우

2. 제2항에 따른 지정 요건에 미달하게 된 경우

3. 고의나 중대한 과실로 치료 중인 천연기념물 동물을 죽게 하거나 장애를 입힌 경우

4. 제3항에 따른 치료 결과를 보고하지 아니하거나 거짓으로 보고한 경우

5. 제4항에 따른 치료 경비를 거짓으로 청구한 경우

6. 제42조제1항에 따른 문화재청장이나 지방자치단체의 장의 명령을 위반한 경우

⑥ 시 · 도지사는 제2항 및 제5항에 따라 동물치료소를 지정하거나 그 지정을 취소하는 경우에는 문화재청장에게 보고하여야 한다.

제39조(수출 등의 금지)

① 국보, 보물, 천연기념물 또는 국가민속문화재는 국외로 수출하거나 반출할 수 없다. 다만, 문화재의 국외 전시 등 국제적 문화교류를 목적으로 반출하되, 그 반출한 날부터 2년 이내에 다시 반입할 것을 조건으로 문화재청장의 허가를 받으면 그러하지 아니하다. 〈개정 2017. 3. 21.〉

② 제1항 단서에 따라 문화재의 국외 반출을 허가받으려는 자는 반출 예정일 5개월 전에 관세청장이 운영 · 관리하는 전산시스템을 통하여 문화체육관광부령으로 정하는 반출허가신청서를 문화재청장에게 제출하여야 한다. 〈신설 2016. 2. 3., 2019. 11. 26.〉

③ 문화재청장은 제1항 단서에 따라 반출을 허가받은 자가 그 반출 기간의 연장을 신청하면 당초 반출목적 달성이나 문화재의 안전 등을 위하여 필요하다고 인정되는 경우 제4항에 따른 심사기준에 부합하는 경우에 한정하여 2년의 범위에서 그 반출 기간의 연장을 허가할 수 있다. 〈개정 2016. 2. 3.〉

④ 제1항 단서 및 제3항에 따른 국외 반출 또는 반출 기간의 연장을 허가하기 위한 구체적 심사기준은 문화체육관광부령으로 정한다. 〈신설 2016. 2. 3.〉

⑤ 문화재청장은 제1항 단서에 따라 국외 반출을 허가받은 자에게 해당 문화재의 현황 및 보존 · 관리 실태 등의 자료를 제출하도록 요구할 수 있다. 이 경우 요구를 받은 자는 특별한 사유가 없으면 이에 따라야 한다. 〈신설 2017. 11. 28.〉

⑥ 제1항에도 불구하고 다음 각 호의 어느 하나에 해당하는 경우에는 문화재청장의 허가를 받아 수출할 수 있다. 〈개정 2016. 2. 3., 2017. 11. 28.〉

1. 제35조제1항제1호에 따른 허가를 받아 천연기념물을 표본 · 박제 등으로 제작한 경우

2. 특정한 시설에서 연구 또는 관람목적으로 증식된 천연기념물의 경우

⑦ 문화재청장은 제6항에 따른 허가의 신청을 받은 날부터 30일 이내에 허가 여부를 신청인에게 통지하여야 한다. 〈신설 2018. 6. 12.〉

⑧ 문화재청장이 제7항에서 정한 기간 내에 허가 여부 또는 민원 처리 관련 법령에 따른 처리기간의 연장을 신청인에게 통지하지 아니하면 그 기간(민원 처리 관련 법령에 따라 처리기간이 연장 또는 재연장된 경우에는 해당 처리기간을 말한다)이 끝난 날의 다음 날에 허가를 한 것으로 본다. 〈신설 2018. 6. 12.〉

제40조(신고 사항)

① 국가지정문화재(보호물과 보호구역을 포함한다. 이하 이 조에서 같다)의 소유자, 관리자 또는 관리단체는 해당 문화재에 다음 각 호의 어느 하나에 해당하는 사유가 발생하면 대통령령으로 정하는 바에 따라 그 사실과 경위를 문화재청장에게 신고하여야 한다. 다만, 제35조제1항 단서에 따라 허가를 받고 그 행위를 착수하거나 완료한 경우에는 특별자치시장, 특별자치도지사, 시장 · 군수 또는 구청장에게 신고하여야 한다.

〈개정 2014. 1. 28., 2015. 3. 27., 2017. 11. 28.〉

1. 관리자를 선임하거나 해임한 경우
2. 국가지정문화재의 소유자가 변경된 경우
3. 소유자 또는 관리자의 성명이나 주소가 변경된 경우
4. 국가지정문화재의 소재지의 지명, 지번, 지목(地目), 면적 등이 변경된 경우
5. 보관 장소가 변경된 경우
6. 국가지정문화재의 전부 또는 일부가 멸실, 유실, 도난 또는 훼손된 경우
7. 제35조제1항제1호에 따라 허가(변경허가를 포함한다)를 받고 그 문화재의 현상변경을 착수하거나 완료한 경우
8. 제35조제1항제4호 또는 제39조제1항에 따라 허가받은 문화재를 반출한 후 이를 다시 반입한 경우
9. 동식물의 종(種)이 천연기념물로 지정되는 경우 그 지정일 이전에 표본이나 박제를 소유하고 있는 경우
9의2. 폐사한 천연기념물 동물을 부검하는 경우
9의3. 천연기념물로 지정된 동물에 대하여 질병 등 기타 위험의 방지, 보존 및 생존을 위하여 필요한 조치 등 대통령령으로 정하는 행위를 한 경우

② 제1항에 따른 신고를 하는 때에는 같은 항 제1호의 경우 소유자와 관리자가, 같은 항 제2호의

경우에는 신·구 소유자가 각각 신고서에 함께 서명하여야 한다. 〈신설 2014. 1. 28.〉

③ 역사문화환경 보존지역에서 건설공사를 시행하는 자는 해당 역사문화환경 보존지역에서 제35조제1항제2호에 따라 허가(변경허가를 포함한다)를 받고 허가받은 사항을 착수 또는 완료한 경우에는 대통령령으로 정하는 바에 따라 그 사실과 경위를 문화재청장에게 신고하여야 한다. 다만, 제35조제1항 단서에 따라 허가를 받고 그 행위를 착수하거나 완료한 경우에는 특별자치시장, 특별자치도지사, 시장·군수 또는 구청장에게 신고하여야 한다.

〈개정 2014. 1. 28.〉

제41조(동물의 수입·반입 신고)

① 천연기념물로 지정된 동물의 종(種)[아종(亞種)을 포함한다]을 국외로부터 수입·반입하는 경우에는 대통령령으로 정하는 바에 따라 문화재청장에게 신고하여야 한다.

② 문화재청장은 제1항에 따른 신고사항과 관련하여 관계 중앙행정기관, 공공기관 등 관련 기관의 장에게 필요한 자료 또는 정보의 제공을 요청할 수 있다. 이 경우 자료 또는 정보의 제공을 요청받은 기관의 장은 특별한 사유가 없으면 이에 따라야 한다.

[본조신설 2017. 11. 28.]

제42조(행정명령)

① 문화재청장이나 지방자치단체의 장은 국가지정문화재(보호물과 보호구역을 포함한다. 이하 이 조에서 같다)와 그 역사문화환경 보존지역의 관리·보호를 위하여 필요하다고 인정하면 다음 각 호의 사항을 명할 수 있다. 〈개정 2015. 3. 27.〉

1. 국가지정문화재의 관리 상황이 그 문화재의 보존상 적당하지 아니하거나 특히 필요하다고 인정되는 경우 그 소유자, 관리자 또는 관리단체에 대한 일정한 행위의 금지나 제한

2. 국가지정문화재의 소유자, 관리자 또는 관리단체에 대한 수리, 그 밖에 필요한 시설의 설치나 장애물의 제거

3. 국가지정문화재의 소유자, 관리자 또는 관리단체에 대한 문화재 보존에 필요한 긴급한 조치

4. 제35조제1항 각 호에 따른 허가를 받지 아니하고 국가지정문화재의 현상을 변경하거나 보존에 영향을 미칠 우려가 있는 행위 등을 한 자에 대한 행위의 중지 또는 원상회복 조치

② 문화재청장 또는 지방자치단체의 장은 국가지정문화재의 소유자, 관리자 또는 관리단체가 제1항제1호부터 제3호까지의 규정에 따른 명령을 이행하지 아니하거나 그 소유자, 관리자, 관리단체에 제1항제1호부터 제3호까지의 조치를 하게 하는 것이 적당하지 아니하다고 인정

되면 국가의 부담으로 직접 제1항제1호부터 제3호까지의 조치를 할 수 있다.

〈개정 2015. 3. 27.〉

③ 문화재청장 또는 지방자치단체의 장은 제1항제4호에 따른 명령을 받은 자가 명령을 이행하지 아니하는 경우 「행정대집행법」에서 정하는 바에 따라 대집행하고, 그 비용을 명령 위반자로부터 징수할 수 있다.

④ 지방자치단체의 장은 제1항에 따른 명령을 하면 문화재청장에게 보고하여야 한다.

제43조(기록의 작성 · 보존)

① 문화재청장과 해당 특별자치시장, 특별자치도지사, 시장 · 군수 또는 구청장 및 관리단체의 장은 국가지정문화재의 보존 · 관리 및 변경 사항 등에 관한 기록을 작성 · 보존하여야 한다.

〈개정 2014. 1. 28.〉

② 문화재청장은 국가지정문화재의 보존 · 관리를 위하여 필요하다고 인정하면 문화재에 관한 전문적 지식이 있는 자나 연구기관에 국가지정문화재의 기록을 작성하게 할 수 있다.

제44조(정기조사)

① 문화재청장은 국가지정문화재의 현상, 관리, 수리, 그 밖의 환경보전상황 등에 관하여 정기적으로 조사하여야 한다.

〈개정 2015. 3. 27.〉

② 문화재청장은 제1항에 따른 정기조사 후 보다 깊이 있는 조사가 필요하다고 인정하면 그 소속 공무원에게 해당 국가지정문화재에 대하여 재조사하게 할 수 있다.

③ 1항과 제2항에 따라 조사하는 경우에는 미리 그 문화재의 소유자, 관리자, 관리단체에 대하여 그 뜻을 알려야 한다. 다만, 긴급한 경우에는 사후에 그 취지를 알릴 수 있다.

〈개정 2015. 3. 27.〉

④ 제1항과 제2항에 따라 조사를 하는 공무원은 소유자, 관리자, 관리단체에 문화재의 공개, 현황자료의 제출, 문화재 소재장소 출입 등 조사에 필요한 범위에서 협조를 요구할 수 있으며, 그 문화재의 현상을 훼손하지 아니하는 범위에서 측량, 발굴, 장애물의 제거, 그 밖에 조사에 필요한 행위를 할 수 있다. 다만, 해 뜨기 전이나 해 진 뒤에는 소유자, 관리자, 관리단체의 동의를 받아야 한다.

〈개정 2015. 3. 27.〉

⑤ 제4항에 따라 조사를 하는 공무원은 그 권한을 표시하는 증표를 지니고 이를 관계인에게 내보여야 한다.

⑥ 문화재청장은 제1항과 제2항에 따른 정기조사와 재조사의 전부 또는 일부를 대통령령으로 정하는 바에 따라 지방자치단체에 위임하거나 전문기관 또는 단체에 위탁할 수 있다.

⑦ 문화재청장은 제1항 및 제2항에 따른 정기조사 · 재조사의 결과를 다음 각 호의 국가지정문화재의 관리에 반영하여야 한다.

1. 문화재의 지정과 그 해제

2. 보호물 또는 보호구역의 지정과 그 해제

3. 삭제 〈2015. 3. 27.〉

4. 문화재의 수리 및 복구

5. 문화재 보존을 위한 행위의 제한 · 금지 또는 시설의 설치 · 제거 및 이전

6. 그 밖에 관리에 필요한 사항

제45조(직권에 의한 조사)

① 문화재청장은 필요하다고 인정하면 그 소속 공무원에게 국가지정문화재의 현상, 관리, 수리, 그 밖의 환경보전상황에 관하여 조사하게 할 수 있다. 〈개정 2015. 3. 27.〉

② 제1항에 따라 직권에 의한 조사를 하는 경우 조사통지, 조사의 협조요구 및 조사상 필요한 행위범위, 조사 증표 휴대 및 제시 등에 관하여는 제44조제3항부터 제5항까지의 규정을 준용한다.

제46조(손실의 보상)

국가는 다음 각 호의 어느 하나에 해당하는 자에 대하여는 그 손실을 보상하여야 한다.

1. 제42조제1항제1호부터 제3호까지의 규정에 따른 명령을 이행하여 손실을 받은 자

2. 제42조제2항에 따른 조치로 인하여 손실을 받은 자

3. 제44조제4항(제45조제2항에 따라 준용되는 경우를 포함한다)에 따른 조사행위로 인하여 손실을 받은 자

제46조(손실의 보상)

① 국가는 다음 각 호의 어느 하나에 해당하는 자에 대하여는 그 손실을 보상하여야 한다.
〈개정 2020. 12. 8.〉

1. 제42조제1항제1호부터 제3호까지의 규정에 따른 명령을 이행하여 손실을 받은 자

2. 제42조제2항에 따른 조치로 인하여 손실을 받은 자

3. 제44조제4항(제45조제2항에 따라 준용되는 경우를 포함한다)에 따른 조사행위로 인하여 손실을 받은 자

② 제1항에 따른 손실보상의 구체적인 대상 및 절차 등에 관하여 필요한 사항은 대통령령으로

정한다. 〈신설 2020. 12. 8.〉

[시행일 : 2021. 6. 9.] 제46조

제47조(임시지정문화재에 관한 허가사항 등의 준용)

임시지정문화재의 관리와 보호에 관하여는 제35조제1항, 제37조, 제39조, 제40조제1항(같은 항 제2호부터 제4호까지 및 제6호부터 제8호까지에 한한다), 제40조제2항, 제42조제1항제1호·제3호 및 제46조를 준용한다. 〈개정 2014. 1. 28., 2019. 11. 26.〉

[제목개정 2019. 11. 26.]

제3절 공개 및 관람료

제48조(국가지정문화재의 공개 등)

① 국가지정문화재(국가무형문화재는 제외한다. 이하 이 조에서 같다)는 제2항에 따라 해당 문화재의 공개를 제한하는 경우 외에는 특별한 사유가 없으면 이를 공개하여야 한다.

〈개정 2015. 3. 27.〉

② 문화재청장은 국가지정문화재의 보존과 훼손 방지를 위하여 필요하면 해당 문화재의 전부나 일부에 대하여 공개를 제한할 수 있다. 이 경우 문화재청장은 해당 문화재의 소유자(관리단체가 지정되어 있으면 그 관리단체를 말한다)의 의견을 들어야 한다.

③ 문화재청장은 제2항에 따라 국가지정문화재의 공개를 제한하면 해당 문화재가 있는 지역의 위치, 공개가 제한되는 기간 및 지역 등을 문화체육관광부령으로 정하는 바에 따라 고시하고, 해당 문화재의 소유자·관리자 또는 관리단체, 관할 시·도지사와 시장·군수 또는 구청장에게 알려야 한다.

④ 문화재청장은 제2항에 따른 공개 제한의 사유가 소멸하면 지체 없이 제한 조치를 해제하여야 한다. 이 경우 문화재청장은 문화체육관광부령으로 정하는 바에 따라 이를 고시하고 해당 문화재의 소유자·관리자 또는 관리단체, 관할 시·도지사와 시장·군수 또는 구청장에게 알려야 한다.

⑤ 제2항과 제3항에 따라 공개가 제한되는 지역에 출입하려는 자는 그 사유를 명시하여 문화재청장의 허가를 받아야 한다.

⑥ 문화재청장은 제5항에 따른 허가의 신청을 받은 날부터 30일 이내에 허가 여부를 신청인에게 통지하여야 한다. 〈신설 2018. 6. 12.〉

⑦ 문화재청장이 제6항에서 정한 기간 내에 허가 여부 또는 민원 처리 관련 법령에 따른 처리기간의 연장을 신청인에게 통지하지 아니하면 그 기간(민원 처리 관련 법령에 따라 처리기간이 연장 또는 재연장된 경우에는 해당 처리기간을 말한다)이 끝난 날의 다음 날에 허가를 한 것으로 본다. 〈신설 2018. 6. 12.〉

제49조(관람료의 징수 및 감면)

① 국가지정문화재의 소유자는 그 문화재를 공개하는 경우 관람자로부터 관람료를 징수할 수 있다. 다만, 관리단체가 지정된 경우에는 관리단체가 징수권자가 된다. 〈개정 2015. 3. 27.〉

② 제1항에 따른 관람료는 해당 국가지정문화재의 소유자 또는 관리단체가 정한다. 〈개정 2015. 3. 27.〉

③ 국가 또는 지방자치단체는 제1항에도 불구하고 국가가 관리하는 국가지정문화재의 경우 문화체육관광부령으로, 지방자치단체가 관리하는 국가지정문화재의 경우 조례로 각각 정하는 바에 따라 지역주민 등에 대하여 관람료를 감면할 수 있다. 〈신설 2014. 1. 28.〉

[제목개정 2014. 1. 28.]

제50조 삭제 〈2015. 3. 27.〉

제4절 보조금 및 경비 지원

제51조(보조금)

① 국가는 다음 각 호의 경비의 전부나 일부를 보조할 수 있다.

　1. 제34조제1항에 따른 관리단체가 그 문화재를 관리할 때 필요한 경비

　2. 제42조제1항제1호부터 제3호까지에 따른 조치에 필요한 경비

　3. 제1호와 제2호의 경우 외에 국가지정문화재의 관리·보호·수리·활용 또는 기록 작성을 위하여 필요한 경비

　4. 삭제 〈2015. 3. 27.〉

② 문화재청장은 제1항에 따른 보조를 하는 경우 그 문화재의 수리나 그 밖의 공사를 감독할 수 있다.

③ 제1항제2호 및 제3호의 경비에 대한 보조금은 시·도지사를 통하여 교부하고, 그 지시에 따라 관리·사용하게 한다. 다만, 문화재청장이 필요하다고 인정하면 소유자, 관리자, 관리단체에게 직접 교부하고, 그 지시에 따라 관리·사용하게 할 수 있다. 〈개정 2015. 3. 27.〉

제52조(지방자치단체의 경비 부담)

지방자치단체는 그 관할구역에 있는 국가지정문화재로서 지방자치단체가 소유하거나 관리하지 아니하는 문화재에 대한 관리 · 보호 · 수리 또는 활용 등에 필요한 경비를 부담하거나 보조할 수 있다.

제5장 국가등록문화재 〈개정 2018. 12. 24.〉

제53조(국가등록문화재의 등록)

① 문화재청장은 문화재위원회의 심의를 거쳐 지정문화재가 아닌 유형문화재, 기념물(제2조제1항제3호나목 및 다목은 제외한다) 및 민속문화재 중에서 보존과 활용을 위한 조치가 특별히 필요한 것을 국가등록문화재로 등록할 수 있다. 〈개정 2017. 3. 21., 2018. 12. 24.〉

② 국가등록문화재의 등록기준, 절차 및 등록 사항 등은 문화체육관광부령으로 정한다.
〈개정 2018. 12. 24.〉

[제목개정 2018. 12. 24.]

제54조(국가등록문화재의 관리)

① 국가등록문화재의 소유자 또는 관리자 등 국가등록문화재를 관리하는 자는 국가등록문화재의 원형 보존에 노력하여야 한다. 〈개정 2018. 12. 24.〉

② 문화재청장은 국가등록문화재의 소유자가 분명하지 아니하거나 그 소유자나 관리자가 국가등록문화재를 관리할 수 없으면 지방자치단체나 그 문화재를 관리하기에 적당한 법인이나 단체 중에서 해당 국가등록문화재를 관리할 자를 지정하여 이를 관리하게 할 수 있다.
〈개정 2018. 12. 24.〉

③ 국가등록문화재의 소유자나 관리자 또는 제2항에 따라 지정을 받은 자(이하 "국가등록문화재관리단체"라 한다)는 문화체육관광부령으로 정하는 바에 따라 문화재청장에게 국가등록문화재의 관리 및 수리와 관련된 기술 지도를 요청할 수 있다. 〈개정 2018. 12. 24.〉

[제목개정 2018. 12. 24.]

제55조(국가등록문화재의 신고 사항)

국가등록문화재의 소유자나 관리자 또는 국가등록문화재관리단체는 해당 문화재에 관하여 다음 각 호의 어느 하나에 해당하는 사유가 발생하면 대통령령으로 정하는 바에 따라 그 사실과 경위를 문화재청장에게 신고하여야 한다. 다만, 제1호의 경우에는 소유자와 관리자가, 제2호의 경우에는 신·구 소유자가 각각 신고서에 함께 서명하여야 한다. 〈개정 2014. 1. 28., 2018. 12. 24.〉

1. 관리자를 선임하거나 해임한 경우
2. 소유자가 변경된 경우
3. 소유자 또는 관리자의 주소가 변경된 경우
4. 소재지의 지명, 지번, 지목(地目), 면적 등이 변경된 경우
5. 보관 장소가 변경된 경우
6. 전부 또는 일부가 멸실, 유실, 도난 또는 훼손된 경우
7. 제56조제2항에 따라 허가(변경허가를 포함한다)를 받고 그 문화재의 현상변경 행위에 착수하거나 완료한 경우
8. 제59조제2항에서 준용하는 제39조제1항 단서에 따라 허가된 문화재를 반출하였다가 반입한 경우

[제목개정 2018. 12. 24.]

제56조(국가등록문화재의 현상변경)

① 국가등록문화재에 관하여 다음 각 호의 어느 하나에 해당하는 행위를 하려는 자는 변경하려는 날의 30일 전까지 관할 특별자치시장, 특별자치도지사, 시장·군수 또는 구청장에게 신고하여야 한다. 〈개정 2014. 1. 28., 2018. 12. 24.〉

1. 해당 문화재(동산에 속하는 문화재는 제외한다)의 외관을 변경하는 행위로서 대통령령으로 정하는 행위
2. 해당 문화재(동산에 속하는 문화재는 제외한다)를 다른 곳으로 이전하거나 철거하는 행위
3. 동산에 속하는 문화재를 수리하거나 보존처리하는 행위

② 제1항에도 불구하고 다음 각 호의 어느 하나에 해당하는 국가등록문화재의 현상을 변경하려는 자는 대통령령으로 정하는 바에 따라 문화재청장의 허가를 받아야 한다. 허가사항을 변경하는 경우에도 또한 같다. 〈개정 2018. 12. 24.〉

1. 제57조에 따라 건축물의 건폐율이나 용적률에 관한 특례적용을 받은 국가등록문화재
2. 제59조제2항에서 준용하는 제51조에 따라 국가로부터 보조금을 지원받은 국가등록문화재

3. 국가등록문화재의 소유자가 국가 또는 지방자치단체인 국가등록문화재

③ 제1항에 따른 신고를 받은 특별자치시장, 특별자치도지사, 시장 · 군수 또는 구청장은 그 사실을 시 · 도지사(특별자치시장과 특별자치도지사는 제외한다)를 거쳐 문화재청장에게 보고하여야 한다.　　　　　　　　　　　　　　　　〈개정 2014. 1. 28.〉

④ 문화재청장은 국가등록문화재의 보호를 위하여 필요하면 제1항에 따라 신고된 국가등록문화재의 현상변경에 관하여 지도 · 조언 및 권고 등을 할 수 있다.　　　　〈개정 2018. 12. 24.〉

[제목개정 2018. 12. 24.]

제57조(국가등록문화재의 건폐율과 용적률에 관한 특례)

국가등록문화재인 건축물이 있는 대지 안에서의 건폐율과 용적률은 「국토의 계획 및 이용에 관한 법률」 제77조부터 제79조까지의 규정에도 불구하고 해당 용도지역 등에 적용되는 건폐율 및 용적률의 150퍼센트 이내에서 대통령령으로 정하는 기준에 따라 완화하여 적용할 수 있다. 〈 개정 2018. 12. 24.〉

[제목개정 2018. 12. 24.]

제58조(등록의 말소)

① 문화재청장은 국가등록문화재에 대하여 보존과 활용의 필요가 없거나 그 밖에 특별한 사유가 있으면 문화재위원회의 심의를 거쳐 그 등록을 말소할 수 있다.　　〈개정 2018. 12. 24.〉

② 국가등록문화재가 지정문화재로 지정되면 그 등록은 효력을 상실한다.　〈개정 2018. 12. 24.〉

③ 국가등록문화재의 소유자는 등록말소의 통지를 받은 때에는 그 통지를 받은 날부터 30일 이내에 해당 문화재의 등록증을 문화재청장에게 반납하여야 한다.　　〈개정 2018. 12. 24.〉

제59조(준용 규정)

① 국가등록문화재의 등록 · 등록말소의 고시 및 통지, 등록증의 교부, 등록 · 등록말소의 효력 발생 시기에 관하여는 제28조부터 제30조까지의 규정을 준용한다. 이 경우 "국가지정문화재"는 "국가등록문화재"로, "지정"은 "등록"으로, "문화재의 지정서"는 "등록증"으로 본다.

〈개정 2018. 12. 24.〉

② 국가등록문화재 소유자관리의 원칙, 국가등록문화재관리단체에 의한 관리, 국가등록문화재의 허가취소 및 수출 등의 금지, 국가등록문화재에 관한 기록의 작성과 보존, 정기조사, 직권에 의한 국가등록문화재 현상 등의 조사, 정기조사로 인한 손실의 보상, 국가등록문화재의 관람료 징수, 국가에 의한 보조금의 지원, 지방자치단체의 경비 부담, 소유자 변경 시 권

리·의무의 승계에 관하여는 제33조, 제34조제2항부터 제7항까지, 제37조, 제39조, 제43조부터 제45조까지, 제46조제3호, 제49조, 제51조제1항제1호·제3호 및 제2항·제3항, 제52조 및 제81조를 준용한다. 이 경우 "국가지정문화재"는 "국가등록문화재"로, "관리단체"는 "국가등록문화재관리단체"로 본다. 〈개정 2014. 1. 28., 2017. 3. 21., 2018. 12. 24.〉

제59조(준용 규정)

① 국가등록문화재의 등록·등록말소의 고시 및 통지, 등록증의 교부, 등록·등록말소의 효력 발생 시기에 관하여는 제28조부터 제30조까지의 규정을 준용한다. 이 경우 "국가지정문화재"는 "국가등록문화재"로, "지정"은 "등록"으로, "문화재의 지정서"는 "등록증"으로 본다. 〈개정 2018. 12. 24.〉

② 국가등록문화재 소유자관리의 원칙, 국가등록문화재관리단체에 의한 관리, 국가등록문화재의 허가취소 및 수출 등의 금지, 국가등록문화재에 관한 기록의 작성과 보존, 정기조사, 직권에 의한 국가등록문화재 현상 등의 조사, 정기조사로 인한 손실의 보상, 국가등록문화재의 관람료 징수, 국가에 의한 보조금의 지원, 지방자치단체의 경비 부담, 소유자 변경 시 권리·의무의 승계에 관하여는 제33조, 제34조제2항부터 제7항까지, 제37조, 제39조, 제43조부터 제45조까지, 제46조제1항제3호, 같은 조 제2항, 제49조, 제51조제1항제1호·제3호 및 제2항·제3항, 제52조 및 제81조를 준용한다. 이 경우 "국가지정문화재"는 "국가등록문화재"로, "관리단체"는 "국가등록문화재관리단체"로 본다. 〈개정 2014. 1. 28., 2017. 3. 21., 2018. 12. 24., 2020. 12. 8.〉

[시행일 : 2021. 6. 9.] 제59조제2항

제6장 일반동산문화재

제60조(일반동산문화재 수출 등의 금지) ① 이 법에 따라 지정 또는 등록되지 아니한 문화재 중 동산에 속하는 문화재(이하 "일반동산문화재"라 한다)에 관하여는 제39조제1항과 제3항을 준용한다. 다만, 일반동산문화재의 국외전시 등 국제적 문화교류를 목적으로 다음 각 호의 어느 하나에 해당하는 사항으로서 문화재청장의 허가를 받은 경우에는 그러하지 아니하다. 〈개정 2016. 2. 3.〉

1. 「박물관 및 미술관 진흥법」에 따라 설립된 박물관 등이 외국의 박물관 등에 일반동산문화재를 반출한 날부터 10년 이내에 다시 반입하는 경우

2. 외국 정부가 인증하는 박물관이나 문화재 관련 단체가 자국의 박물관 등에서 전시할 목적으로 국내에서 일반동산문화재를 구입 또는 기증받아 반출하는 경우

② 문화재청장은 제1항 단서에 따라 허가를 받은 자가 제37조제1항 각 호의 어느 하나에 해당하는 경우에는 허가를 취소할 수 있다.

③ 제1항제2호에 따른 일반동산문화재의 수출이나 반출에 관한 절차 등에 필요한 사항은 문화체육관광부령으로 정한다.

④ 제1항 단서에 따라 허가받은 자는 허가된 일반동산문화재를 반출한 후 이를 다시 반입한 경우 문화재청장에게 신고하여야 한다.

⑤ 일반동산문화재로 오인될 우려가 있는 동산을 국외로 수출하거나 반출하려면 미리 문화재청장의 확인을 받아야 한다.

⑥ 제1항 및 제5항에 따른 일반동산문화재의 범위와 확인 등에 필요한 사항은 대통령령으로 정한다.

제60조의2(문화재감정위원의 배치 등)

① 문화재청장은 문화재의 불법반출 방지 및 국외 반출 동산에 대한 감정 등에 관한 업무를 수행하기 위하여 「공항시설법」 제2조제3호에 따른 공항, 「항만법」 제2조제2호의 무역항, 「관세법」 제256조제2항의 통관우체국 등에 문화재감정위원을 배치할 수 있다.

〈개정 2016. 3. 29.〉

② 제1항에 따른 문화재감정위원의 배치ㆍ운영 등에 필요한 사항은 대통령령으로 정한다.

[본조신설 2015. 3. 27.]

제61조(일반동산문화재에 관한 조사)

① 문화재청장은 필요하다고 인정하면 그 소속 공무원으로 하여금 국가기관 또는 지방자치단체가 소장하고 있는 일반동산문화재에 관한 현상, 관리, 수리, 그 밖의 보전상황에 관하여 조사하게 할 수 있다. 이 경우 해당 국가기관 또는 지방자치단체의 장은 조사에 협조하여야 한다.

② 문화재청장은 제1항에 따라 조사한 결과 문화재의 보존ㆍ관리가 적절하지 아니하다고 인정되면 해당 기관의 장에게 문화재에 관한 보존ㆍ관리 방안을 마련하도록 요청할 수 있다.

③ 제2항에 따라 문화재청장의 요청을 받은 국가기관 또는 지방자치단체의 장은 해당 문화재에

관한 보존·관리 방안을 마련하여 대통령령으로 정하는 바에 따라 문화재청장에게 보고하여야 한다.

④ 제1항에 따라 문화재청장이 조사를 하는 경우 조사의 통지, 조사의 협조요구, 그 밖에 조사에 필요한 사항 등에 관하여는 제44조제3항부터 제5항까지의 규정을 준용한다.

제7장 국유문화재에 관한 특례

제62조(관리청과 총괄청)

① 국유에 속하는 문화재(이하 "국유문화재"라 한다)는 「국유재산법」 제8조와 「물품관리법」 제7조에도 불구하고 문화재청장이 관리·총괄한다. 다만, 국유문화재가 문화재청장 외의 중앙관서의 장(「국가재정법」에 따른 중앙행정기관의 장을 말한다. 이하 같다)이 관리하고 있는 행정재산(行政財産)인 경우 또는 문화재청장 외의 중앙관서의 장이 관리하여야 할 특별한 필요가 있는 것인 경우에는 문화재청장은 관계 기관의 장 및 기획재정부장관과 협의하여 그 관리청을 정한다.

② 문화재청장은 제1항 단서에 따라 관리청을 정할 때에는 문화재위원회의 의견을 들어야 한다.

③ 문화재청장은 제1항 단서에 해당하지 아니하는 국유문화재의 관리를 지방자치단체에 위임하거나 비영리법인 또는 법인 아닌 비영리단체에 위탁할 수 있다. 이 경우 국유문화재의 관리로 인하여 생긴 수익은 관리를 위임받거나 위탁받은 자의 수입으로 한다.

제63조(회계 간의 무상관리전환)

국유문화재를 문화재청장이 관리하기 위하여 소속을 달리하는 회계로부터 관리전환을 받을 때에는 「국유재산법」 제17조에도 불구하고 무상으로 할 수 있다.

제64조(절차 및 방법의 특례)

① 문화재청장이 제62조제1항 단서에 따라 그 관리청이 따로 정하여진 국유문화재를 국가지정문화재로 지정 또는 임시지정하거나 그 지정이나 임시지정을 해제하는 경우 이 법에 따라 행하는 해당 문화재의 소유자나 점유자에 대한 통지는 그 문화재의 관리청에 대하여 하여야 한

다. 〈개정 2019. 11. 26.〉

② 제62조제1항 단서에 따라 그 관리청이 따로 정하여진 국유문화재에 관하여 제40조·제42조·제45조 및 제49조를 적용하는 경우 그 문화재의 소유자란 그 문화재의 관리청을 말한다.

제65조(처분의 제한)

제62조제1항 단서에 따른 관리청이 그 관리에 속하는 국가지정문화재 또는 임시지정문화재에 관하여 제35조제1항 각 호에 정하여진 행위 외의 행위를 하려면 미리 문화재청장의 동의를 받아야 한다. 〈개정 2019. 11. 26.〉

제66조(양도 및 사권설정의 금지)

국유문화재(그 부지를 포함한다)는 이 법에 특별한 규정이 없으면 이를 양도하거나 사권(私權)을 설정할 수 없다. 다만, 그 관리·보호에 지장이 없다고 인정되면 공공용, 공용 또는 공익사업에 필요한 경우에 한정하여 일정한 조건을 붙여 그 사용을 허가할 수 있다.

제8장 국외소재문화재

제67조(국외소재문화재의 보호)

국가는 국외소재문화재의 보호·환수 및 활용 등을 위하여 노력하여야 하며, 이에 필요한 조직과 예산을 확보하여야 한다.

제68조(국외소재문화재의 조사·연구)

① 문화재청장 또는 지방자치단체의 장은 국외소재문화재의 현황, 보존·관리 실태, 반출 경위 등에 관하여 조사·연구를 실시할 수 있다. 〈개정 2016. 2. 3.〉

② 문화재청장 또는 지방자치단체의 장은 제1항에 따른 조사·연구의 효율적 수행을 위하여 박물관, 한국국제교류재단, 국사편찬위원회 및 각 대학 등 관련 기관에 필요한 자료의 제출과 정보제공 등을 요청할 수 있으며, 요청을 받은 관련 기관은 이에 협조하여야 한다. 〈개정 2016. 2. 3.〉

제69조(국외소재문화재 보호 및 환수 활동의 지원)

① 문화재청장 또는 지방자치단체의 장은 국외소재문화재 보호 및 환수를 위하여 필요하면 관련 기관 또는 단체를 지원·육성할 수 있다. 〈개정 2016. 2. 3.〉

② 제1항에 따라 지방자치단체의 장이 지원·육성하는 기관 또는 단체의 선정 및 재정지원 등에 필요한 사항은 해당 지방자치단체의 조례로 정한다. 〈신설 2016. 2. 3.〉

제69조의2(국외소재문화재 환수 및 활용에 대한 의견 청취)

문화재청장은 국외소재문화재 환수 및 활용 관련 중요 정책 등에 대하여 관계 전문가 또는 관계 기관의 의견을 들을 수 있다.

[전문개정 2016. 2. 3.]

제69조의3(국외소재문화재재단의 설립)

① 국외소재문화재의 현황 및 반출 경위 등에 대한 조사·연구, 국외소재문화재 환수·활용과 관련한 각종 전략·정책 연구 등 국외소재문화재와 관련한 각종 사업을 종합적·체계적으로 수행하기 위하여 문화재청 산하에 국외소재문화재재단(이하 "국외문화재재단"이라 한다)을 설립한다. 〈개정 2020. 12. 22.〉

② 국외문화재재단은 법인으로 한다.

③ 국외문화재재단에는 정관으로 정하는 바에 따라 임원과 필요한 직원을 둔다.

④ 국외문화재재단에 관하여 이 법에 규정한 것 외에는 「민법」 중 재단법인에 관한 규정을 준용한다.

⑤ 국가는 국외문화재재단의 설립과 운영에 소요되는 경비를 예산의 범위에서 또는 「문화재보호기금법」에 따른 문화재보호기금에서 출연 또는 보조할 수 있다.

⑥ 국외문화재재단은 설립목적을 달성하기 위하여 다음 각 호의 사업을 행한다.

1. 국외소재문화재의 현황, 반출 경위 등에 대한 조사·연구

2. 국외소재문화재 환수 및 보호·활용에 관한 연구

3. 국외소재문화재의 취득 및 보전·관리

4. 국외소재문화재의 환수 및 활용 관련 단체에 대한 지원·교류 및 국제연대 강화

5. 국외소재문화재 환수 및 활용 관련 홍보·교육·출판 및 보급

6. 외국박물관 한국실 운영 지원

7. 한국담당 학예사의 파견 및 교육 훈련

8. 국외소재문화재의 보존처리 및 홍보 지원

9. 국외문화재재단의 설립목적을 달성하기 위한 수익사업. 이 경우 수익사업은 문화재청장의 사전승인을 받아야 한다.

10. 그 밖에 국외문화재재단의 설립 목적을 달성하는 데 필요한 사업

⑦ 국외문화재재단은 문화재청장을 거쳐 관계 행정기관이나 국외소재문화재 환수 및 활용과 관련된 법인 또는 단체의 장에게 사업수행에 필요한 자료의 제공을 요청할 수 있다.

[본조신설 2012. 1. 26.]

제9장　시·도지정문화재 및 시·도등록문화재 〈개정 2018. 12. 24.〉

제70조(시·도지정문화재의 지정 및 시·도등록문화재의 등록 등)

① 시·도지사는 그 관할구역에 있는 문화재로서 국가지정문화재로 지정되지 아니한 문화재 중 보존가치가 있다고 인정되는 것을 시·도지정문화재로 지정할 수 있다. 〈개정 2015. 3. 27.〉

② 시·도지사는 제1항에 따라 지정되지 아니한 문화재 중 향토문화보존상 필요하다고 인정하는 것을 문화재자료로 지정할 수 있다.

③ 시·도지사는 그 관할구역에 있는 문화재로서 지정문화재로 지정되지 아니하거나 국가등록문화재로 등록되지 아니한 유형문화재, 기념물(제2조제1항제3호 나목 및 다목은 제외한다) 및 민속문화재 중에서 보존과 활용을 위한 조치가 필요한 것을 시·도등록문화재로 등록할 수 있다. 〈신설 2018. 12. 24.〉

④ 문화재청장은 문화재위원회의 심의를 거쳐 필요하다고 인정되는 문화재에 대하여 시·도지사에게 시·도지정문화재나 문화재자료(보호물이나 보호구역을 포함한다. 이하 같다)로 지정·보존할 것을 권고하거나, 시·도등록문화재로 등록·보호할 것을 권고할 수 있다. 이 경우 시·도지사는 특별한 사유가 있는 경우를 제외하고는 문화재 지정절차 또는 등록절차를 이행하고 그 결과를 문화재청장에게 보고하여야 한다. 〈개정 2018. 12. 24.〉

⑤ 제1항부터 제4항까지의 규정에 따라 시·도지정문화재 또는 문화재자료로 지정하거나 시·도등록문화재로 등록할 때에는 해당 특별시·광역시·특별자치시·도 또는 특별자치도가 지정 또는 등록하였다는 것을 알 수 있도록 "지정" 또는 "등록" 앞에 해당 특별시·광역시·특별자치시·도 또는 특별자치도의 명칭을 표시하여야 한다.

⑥ 시·도지정문화재와 문화재자료의 지정 및 해제절차, 시·도등록문화재의 등록 및 말소절차, 시·도지정문화재, 문화재자료 및 시·도등록문화재의 관리, 보호·육성, 공개 등에 필요한 사항은 해당 지방자치단체의 조례로 정한다.　　　　　〈개정 2018. 12. 24.〉

[제목개정 2018. 12. 24.]

제70조의2(시·도지정문화재 또는 문화재자료의 보호물 또는 보호구역의 지정)

① 시·도지사는 제70조제1항 또는 제2항에 따른 지정을 할 때 문화재 보호를 위하여 특히 필요하면 이를 위한 보호물 또는 보호구역을 지정할 수 있다.

② 시·도지사는 인위적 또는 자연적 조건의 변화 등으로 인하여 조정이 필요하다고 인정하면 제1항에 따라 지정된 보호물 또는 보호구역을 조정할 수 있다.

③ 시·도지사는 제1항 및 제2항에 따라 보호물 또는 보호구역을 지정하거나 조정한 때에는 지정 또는 조정 후 매 10년이 되는 날 이전에 다음 각 호의 사항을 고려하여 그 지정 및 조정의 적정성을 검토하여야 한다. 다만, 특별한 사정으로 인하여 적정성을 검토하여야 할 시기에 이를 할 수 없는 경우에는 대통령령으로 정하는 기간까지 그 검토시기를 연기할 수 있다.

1. 해당 문화재의 보존가치

2. 보호물 또는 보호구역의 지정이 재산권 행사에 미치는 영향

3. 보호물 또는 보호구역의 주변 환경

④ 제1항부터 제3항까지의 규정에 따른 지정, 조정 및 적정성 검토 등에 필요한 사항은 시·도 조례로 정한다.

⑤ 제2항에 따라 지정된 보호구역이 조정된 경우 시·도지사는 시·도지정문화재의 보존에 영향을 미치지 않는다고 판단하면 제13조제3항에 따라 정한 역사문화환경 보존지역의 범위를 기존의 범위대로 유지할 수 있다.

[본조신설 2019. 11. 26.]

제71조(시·도문화재위원회의 설치)

① 시·도지사의 관할구역에 있는 문화재의 보존·관리와 활용에 관한 사항을 조사·심의하기 위하여 시·도에 문화재위원회(이하 "시·도문화재위원회"라 한다)를 둔다.

② 시·도문화재위원회의 조직과 운영 등에 관한 사항은 조례로 정하되, 다음 각 호의 사항을 포함하여야 한다.

1. 문화재의 보존·관리 및 활용과 관련된 조사·심의에 관한 사항

2. 위원의 위촉과 해촉에 관한 사항

3. 분과위원회의 설치와 운영에 관한 사항

4. 전문위원의 위촉과 활용에 관한 사항

③ 시 · 도지사가 그 관할구역에 있는 문화재의 국가지정문화재(보호물과 보호구역을 포함한
다) 지정 또는 해제 및 국가등록문화재 등록 또는 말소를 문화재청장에게 요청하려면 시 · 도
문화재위원회의 사전 심의를 거쳐야 한다. 〈개정 2018. 12. 24.〉

제72조(경비부담)

① 제70조제1항부터 제3항까지의 규정에 따라 지정 또는 등록된 시 · 도지정문화재, 문화재자
료 또는 시 · 도등록문화재가 국유 또는 공유재산이면 그 보존상 필요한 경비는 국가나 해당
지방자치단체가 부담한다. 〈개정 2018. 12. 24.〉

② 국가나 지방자치단체는 국유 또는 공유재산이 아닌 시 · 도지정문화재, 문화재자료 및
시 · 도등록문화재의 보존 · 관리 · 수리 · 활용 또는 기록 작성을 위한 경비의 전부 또는 일
부를 보조할 수 있다. 〈개정 2015. 3. 27., 2018. 12. 24.〉

제73조(보고 등)

① 시 · 도지사는 다음 각 호의 어느 하나에 해당하는 사유가 있으면 대통령령으로 정하는 바에
따라 이를 문화재청장에게 보고하여야 한다. 〈개정 2018. 12. 24.〉

1. 시 · 도지정문화재나 문화재자료를 지정하거나 그 지정을 해제한 경우

2. 시 · 도등록문화재로 등록하거나 그 등록을 말소한 경우

3. 시 · 도지정문화재, 문화재자료 또는 시 · 도등록문화재의 소재지나 보관 장소가 변경된
경우

4. 시 · 도지정문화재, 문화재자료 또는 시 · 도등록문화재의 전부 또는 일부가 멸실, 유실, 도
난 또는 훼손된 경우

② 문화재청장은 제1항제1호부터 제3호까지의 행위가 적합하지 아니하다고 인정되면 시정이나
필요한 조치를 명할 수 있다. 〈개정 2018. 12. 24.〉

제74조(준용규정)

① 시 · 도지정문화재, 문화재자료 및 시 · 도등록문화재의 수출 또는 반출에 관하여는 제39조
제1항부터 제5항까지를 준용한다. 〈개정 2016. 2. 3., 2017. 11. 28., 2018. 12. 24.〉

② 시 · 도지정문화재와 문화재자료의 지정해제 및 관리 등에 관하여는 제31조제1항 · 제4항,

제32조부터 제34조까지, 제35조제1항, 제36조, 제37조, 제40조, 제42조부터 제45조까지, 제48조, 제49조 및 제81조를 준용한다. 이 경우 "문화재청장"은 "시·도지사"로, "대통령령"은 "시·도조례"로, "국가"는 "지방자치단체"로 본다. 〈개정 2015. 3. 27., 2018. 10. 16., 2019. 11. 26.〉

③ 시·도등록문화재의 등록과 말소 및 관리 등에 관하여는 제33조, 제34조제2항부터 제7항까지, 제37조, 제43조부터 제45조까지, 제46조제3호, 제49조, 제53조부터 제58조까지 및 제81조를 준용한다. 이 경우 "문화재청장"은 각각 "시·도지사"로, "대통령령" 또는 "문화체육관광부령"은 각각 "시·도조례"로, "국가"는 각각 "지방자치단체"로, "국가지정문화재" 또는 "국가등록문화재"는 각각 "시·도등록문화재"로, "국가등록문화재관리단체"는 각각 "시·도등록문화재관리단체"로, "문화재위원회"는 각각 "시·도문화재위원회"로 본다. 〈신설 2018. 12. 24.〉

제74조(준용규정)

① 시·도지정문화재, 문화재자료 및 시·도등록문화재의 수출 또는 반출에 관하여는 제39조제1항부터 제5항까지를 준용한다. 　　　　　　〈개정 2016. 2. 3., 2017. 11. 28., 2018. 12. 24.〉

② 시·도지정문화재와 문화재자료의 지정해제 및 관리 등에 관하여는 제31조제1항·제4항, 제32조부터 제34조까지, 제35조제1항, 제36조, 제37조, 제40조, 제42조부터 제45조까지, 제48조, 제49조 및 제81조를 준용한다. 이 경우 "문화재청장"은 "시·도지사"로, "대통령령"은 "시·도조례"로, "국가"는 "지방자치단체"로 본다. 　〈개정 2015. 3. 27., 2018. 10. 16., 2019. 11. 26.〉

③ 시·도등록문화재의 등록과 말소 및 관리 등에 관하여는 제33조, 제34조제2항부터 제7항까지, 제37조, 제43조부터 제45조까지, 제46조제1항제3호, 같은 조 제2항, 제49조, 제53조부터 제58조까지 및 제81조를 준용한다. 이 경우 "문화재청장"은 각각 "시·도지사"로, "대통령령" 또는 "문화체육관광부령"은 각각 "시·도조례"로, "국가"는 각각 "지방자치단체"로, "국가지정문화재" 또는 "국가등록문화재"는 각각 "시·도등록문화재"로, "국가등록문화재관리단체"는 각각 "시·도등록문화재관리단체"로, "문화재위원회"는 각각 "시·도문화재위원회"로 본다.

〈신설 2018. 12. 24., 2020. 12. 8.〉

[시행일 : 2021. 6. 9.] 제74조제3항

제10장 문화재매매업 등

제75조(매매 등 영업의 허가)

① 동산에 속하는 유형문화재나 유형의 민속문화재를 매매 또는 교환하는 것을 업으로 하려는 자(위탁을 받아 매매 또는 교환하는 것을 업으로 하는 자를 포함한다)는 대통령령으로 정하는 바에 따라 특별자치시장, 특별자치도지사, 시장·군수 또는 구청장의 문화재매매업 허가를 받아야 한다.　　　　　　　　　　　　　　　　　　　　　　　〈개정 2014. 1. 28.〉

② 제1항에 따라 허가를 받은 자(이하 "문화재매매업자"라 한다)는 특별자치시장, 특별자치도지사, 시장·군수 또는 구청장에게 대통령령으로 정하는 바에 따라 문화재의 보존 상황, 매매 또는 교환의 실태를 신고하여야 한다.　　　　　　　　　　　　　　　　〈개정 2014. 1. 28.〉

③ 제2항에 따라 신고를 받은 특별자치시장, 특별자치도지사, 시장·군수 또는 구청장은 신고 받은 사항을 대통령령으로 정하는 바에 따라 문화재청장에게 정기적으로 보고하여야 한다.

　　　　　　　　　　　　　　　　　　　　　　　　　　　　　　　　〈개정 2014. 1. 28.〉

④ 제1항에 따라 허가를 받은 자는 다음 각 호의 어느 하나에 해당하는 사항이 변경된 때에는 문화체육관광부령으로 정하는 바에 따라 특별자치시장, 특별자치도지사, 시장·군수 또는 구청장에게 변경신고를 하여야 한다.　　　　　　〈신설 2018. 6. 12., 2019. 11. 26.〉

1. 상호 변경
2. 영업장 주소지의 변경
3. 법인의 대표자의 변경
4. 제76조제1항제5호의 자격 요건으로 문화재매매업의 허가를 받은 법인의 임원의 변경

제75조의2(영업의 승계)

① 제75조에 따라 문화재매매업의 허가를 받은 자가 문화재매매업을 다른 자에게 양도하거나 법인의 합병이 있는 경우에는 그 양수한 자 또는 합병 후 존속하는 법인이나 합병에 의하여 설립되는 법인은 문화재매매업자로서의 지위를 승계한다.

② 제1항에 따라 문화재매매업자로서의 지위를 승계받은 자는 문화체육관광부령으로 정하는 바에 따라 특별자치시장, 특별자치도지사, 시장·군수 또는 구청장에게 신고하여야 한다.

③ 제2항에 따른 신고에 관하여는 제76조제1항에 따른 자격 요건과 제77조에 따른 결격사유에 관한 규정을 준용한다.

[본조신설 2019. 11. 26.]

제76조(자격 요건)

① 제75조제1항에 따라 문화재매매업의 허가를 받으려는 자는 다음 각 호의 어느 하나에 해당하는 자이어야 한다. 〈개정 2019. 11. 26.〉

1. 국가, 지방자치단체, 박물관 또는 미술관에서 2년 이상 문화재를 취급한 자

2. 전문대학 이상의 대학(대학원을 포함한다)에서 역사학·고고학·인류학·미술사학·민속학·서지학·전통공예학 또는 문화재관리학 계통의 전공과목(이하 "문화재 관련 전공과목"이라 한다)을 일정 학점 이상 이수한 사람

3. 「학점인정 등에 관한 법률」 제7조에 따라 문화재 관련 전공과목을 일정 학점 이상을 이수한 것으로 학점인정을 받은 사람

4. 문화재매매업자에게 고용되어 3년 이상 문화재를 취급한 자

5. 고미술품 등의 유통·거래를 목적으로 「상법」에 따라 설립된 법인으로서 제1호부터 제4호까지의 자격 요건 중 어느 하나를 갖춘 대표자 또는 임원을 1명 이상 보유한 법인

② 제1항에 따른 박물관·미술관의 범위, 일정 학점 등에 관하여 필요한 사항은 문화체육관광부령으로 정한다. 〈개정 2019. 11. 26.〉

제77조(결격사유)

다음 각 호의 어느 하나에 해당하는 자는 문화재매매업자가 될 수 없다. 〈개정 2017. 3. 21.〉

1. 삭제 〈2020. 12. 8.〉

2. 이 법과 「형법」 제347조 또는 제362조를 위반하여 금고 이상의 실형을 선고받고 그 집행이 끝나거나 집행을 받지 아니하기로 확정된 후 3년이 지나지 아니한 자

3. 제80조에 따라 허가가 취소된 날부터 3년이 지나지 아니한 자

제77조의2(명의대여 등의 금지)

문화재매매업자는 다른 자에게 자기의 명의 또는 상호를 사용하여 문화재매매업을 하게 하거나 그 허가증을 다른 자에게 빌려 주어서는 아니 된다.

[본조신설 2019. 11. 26.]

제78조(준수 사항)

① 문화재매매업자는 문화체육관광부령으로 정하는 바에 따라 매매·교환 등에 관한 장부를

갖추어 두고 그 거래 내용을 기록하며, 해당 문화재를 확인할 수 있도록 실물 사진을 촬영하여 붙여 놓아야 한다. 〈개정 2014. 1. 28.〉

② 문화재매매업자는 문화체육관광부령으로 정하는 바에 따라 해마다 제1항에 따른 매매·교환 등에 관한 장부에 대하여 검인을 받아야 한다. 문화재매매업을 폐업하려는 경우에도 또한 같다. 〈신설 2014. 1. 28.〉

제79조(폐업신고의 의무)

제75조제1항에 따라 허가를 받은 자는 문화재매매업을 폐업하면 3개월 이내에 문화체육관광부령으로 정하는 바에 따라 폐업신고서를 특별자치시장, 특별자치도지사, 시장·군수 또는 구청장에게 제출하여야 한다. 〈개정 2014. 1. 28.〉

제80조(허가취소 등)

① 특별자치시장, 특별자치도지사, 시장·군수 또는 구청장은 문화재매매업자가 다음 각 호의 어느 하나에 해당하면 그 허가를 취소하거나 1년 이내의 기간을 정하여 그 영업의 전부 또는 일부의 정지를 명할 수 있다. 다만, 제1호부터 제3호까지의 규정에 해당하면 그 허가를 취소하여야 한다. 〈개정 2014. 1. 28., 2019. 11. 26.〉

1. 거짓이나 그 밖의 부정한 방법으로 허가를 받은 경우

2. 제90조·제92조 및 「매장문화재 보호 및 조사에 관한 법률」 제31조를 위반하여 벌금 이상의 처벌을 받은 경우

3. 영업정지 기간 중에 영업을 한 경우

4. 제76조제1항제5호의 자격 요건으로 문화재매매업을 허가받은 법인이 해당 자격 요건을 상실한 경우. 다만, 해당 법인이 3개월 이내에 자격 요건에 해당하는 자를 대표자 또는 임원으로 선임하는 경우에는 그러하지 아니하다.

5. 제77조의2에 따른 명의대여 등의 금지 사항을 위반한 경우

6. 제78조에 따른 준수 사항을 위반한 경우

② 제1항에 따른 행정처분의 세부 기준은 문화체육관광부령으로 정한다.

제80조의2(행정 제재처분 효과의 승계)

문화재매매업자가 매매업을 양도하거나 법인이 합병되는 경우에는 제75조제2항, 같은 조 제4항, 제75조의2제2항, 제78조를 위반하거나 제80조제1항제1호부터 제3호까지의 규정에 해당되어 종전의 문화재매매업자에게 행한 행정 제재처분의 효과는 그 처분기간이 끝난 날부터 1년간 양수

한 자나 합병 후 존속하는 법인에 승계되며, 행정 제재처분의 절차가 진행 중인 경우에는 양수한 자나 합병 후 존속하는 법인에 대하여 행정 제재처분 절차를 계속할 수 있다. 다만, 양수한 자나 합병 후 존속하는 법인이 양수하거나 합병할 때에 그 처분 또는 위반사실을 알지 못하였음을 증명하는 때에는 그러하지 아니하다.

[본조신설 2019. 11. 26.]

제11장 문화재의 상시적 예방관리 〈신설 2020. 6. 9.〉

[시행일 : 2021. 6. 10.]

제80조의3(문화재돌봄사업)

① 국가와 지방자치단체는 다음 각 호의 어느 하나에 해당하는 문화재의 보존을 위하여 상시적인 예방관리 사업(이하 "문화재돌봄사업"이라 한다)을 실시할 수 있다.

1. 지정문화재(무형문화재는 제외한다. 이하 이 조에서 같다)

2. 등록문화재

3. 임시지정문화재

4. 그 밖에 역사적·문화적·예술적 가치가 높은 문화재로서 대통령령으로 정하는 것

② 문화재돌봄사업의 범위는 다음 각 호와 같다.

1. 문화재의 주기적인 모니터링

2. 문화재 관람환경 개선을 위한 일상적·예방적 관리

3. 문화재 주변지역 환경정비 및 재해예방

4. 문화재 및 그 주변지역의 재해 발생에 대응한 신속한 조사 및 응급조치

5. 「문화재수리 등에 관한 법률」 제5조제1항 단서에 따른 해당 문화재의 보존에 영향을 미치지 아니하는 경미한 수리

6. 그 밖에 문화재돌봄사업을 위하여 필요한 사업

③ 문화재청장은 매년 문화재돌봄사업 추진지침을 수립하여 시·도지사 및 제80조의4에 따른 중앙문화재돌봄센터와 제80조의5에 따른 지역문화재돌봄센터에 각각 통보하여야 한

다.

[본조신설 2020. 6. 9.]

[시행일 : 2021. 6. 10.] 제80조의3

제80조의4(중앙문화재돌봄센터)

① 문화재청장은 문화재돌봄사업에 관한 다음 각 호의 업무를 종합적이고 효율적으로 수행하기 위하여 중앙문화재돌봄센터를 설치 · 운영한다.

　1. 문화재돌봄사업의 관리 및 지원

　2. 문화재돌봄사업을 위한 연구 및 조사

　3. 문화재돌봄사업을 위한 정보관리시스템 구축 및 운영

　4. 지역문화재돌봄센터 평가의 지원

　5. 지역문화재돌봄센터 종사자에 대한 전문교육의 관리 · 지원

　6. 지역문화재돌봄센터 상호 간의 연계 · 협력 지원

　7. 그 밖에 중앙문화재돌봄센터의 설치목적 달성에 필요한 사업

② 문화재청장은 제1항에 따른 중앙문화재돌봄센터의 운영을 대통령령으로 정하는 바에 따라 문화재 관련 기관 또는 단체에 위탁할 수 있다.

③ 문화재청장은 제2항에 따라 중앙문화재돌봄센터의 운영을 문화재 관련 기관 또는 단체에 위탁하는 경우 운영에 필요한 비용의 전부 또는 일부를 보조할 수 있다.

④ 그 밖에 중앙문화재돌봄센터의 설치 · 운영에 필요한 사항은 대통령령으로 정한다.

[본조신설 2020. 6. 9.]

[시행일 : 2021. 6. 10.] 제80조의4

제80조의5(지역문화재돌봄센터)

① 시 · 도지사는 다음 각 호의 업무를 효율적으로 실시하기 위하여 문화재 관련 기관 또는 단체를 지역문화재돌봄센터로 지정할 수 있다.

　1. 지역여건에 적합한 문화재돌봄사업

　2. 지역여건에 적합한 문화재돌봄사업을 위한 연구 및 조사

　3. 지역문화재돌봄센터 상호 간의 인적 · 물적 자원의 교류

　4. 지역문화재돌봄센터 종사자에 대한 안전교육 등 직장교육

　5. 그 밖에 지역문화재돌봄센터의 지정목적 달성에 필요한 사업

② 시 · 도지사는 지역문화재돌봄센터가 다음 각 호의 어느 하나에 해당하는 경우 그 지정을 취

소할 수 있다. 다만, 제1호에 해당하는 경우에는 지정을 취소하여야 한다.

1. 거짓이나 그 밖의 부정한 방법으로 지정을 받은 경우

2. 제4항에 따른 지정기준에 적합하지 아니하게 된 경우

③ 국가와 지방자치단체는 지역문화재돌봄센터의 운영에 필요한 비용의 전부 또는 일부를 보조할 수 있다.

④ 지역문화재돌봄센터의 지정 및 취소의 기준과 절차 등에 관하여 필요한 사항은 대통령령으로 정한다.

[본조신설 2020. 6. 9.]

[시행일 : 2021. 6. 10.] 제80조의5

제80조의6(지역문화재돌봄센터의 평가 등)

① 문화재청장은 지역문화재돌봄센터가 제80조의3제3항에 따른 추진지침에 따라 적정하게 운영되었는지를 평가하여야 한다.

② 문화재청장은 제1항에 따른 평가 결과를 시 · 도지사에게 통보하고, 이를 공개하여야 한다.

③ 제1항에 따른 평가 시기, 방법 및 제2항에 따른 평가 결과의 공개 등에 필요한 사항은 대통령령으로 정한다.

[본조신설 2020. 6. 9.]

[시행일 : 2021. 6. 10.] 제80조의6

제80조의7(지역문화재돌봄센터의 종사자에 대한 전문교육)

① 지역문화재돌봄센터의 종사자는 문화체육관광부령으로 정하는 바에 따라 문화재청장이 실시하는 문화재돌봄사업에 필요한 교육(이하 "전문교육"이라 한다)을 받아야 한다.

② 문화재청장은 전문교육을 문화재 관련 기관 또는 단체에 위임 또는 위탁할 수 있다.

③ 제1항에 따른 전문교육의 내용 · 방법 및 시기와 제2항에 따른 전문교육의 위임 또는 위탁 등에 필요한 사항은 문화체육관광부령으로 정한다.

[본조신설 2020. 6. 9.]

[시행일 : 2021. 6. 10.] 제80조의7

제12장 보칙

제81조(권리·의무의 승계)

① 국가지정문화재(보호물과 보호구역 및 임시지정문화재를 포함한다)의 소유자가 변경된 때에는 새 소유자는 이 법 또는 이 법에 따라 문화재청장이 행하는 명령·지시, 그 밖의 처분으로 인한 전소유자(前所有者)의 권리·의무를 승계한다. 〈개정 2019. 11. 26.〉

② 제34조에 따라 관리단체가 지정되거나 그 지정이 해제된 경우에 관리단체와 소유자에 대하여는 제1항을 준용한다. 다만, 소유자에게 전속(專屬)하는 권리·의무는 그러하지 아니하다.

제82조(권한의 위임·위탁)

이 법에 따른 문화재청장의 권한은 대통령령으로 정하는 바에 따라 그 일부를 소속 기관의 장, 시·도지사 또는 시장·군수·구청장에게 위임하거나 문화재의 보호·보존·보급 또는 활용 등을 목적으로 설립된 기관이나 법인 또는 단체 등에 위탁할 수 있다. 〈개정 2019. 11. 26.〉

제82조의2(유사명칭의 사용금지)

이 법에 따른 재단이 아닌 자는 한국문화재재단 또는 이와 유사한 명칭을 사용하지 못한다.

[본조신설 2014. 5. 28.]

제82조의3(금지행위)

① 누구든지 지정문화재에 글씨 또는 그림 등을 쓰거나 그리거나 새기는 행위 등을 하여서는 아니 된다.

② 문화재청장 또는 지방자치단체의 장은 제1항의 행위를 한 사람에게 훼손된 문화재의 원상 복구를 명할 수 있다.

③ 문화재청장 또는 지방자치단체의 장은 제2항에 따른 명령을 이행하지 아니하거나 제1항의 행위를 한 사람에게 원상 복구 조치를 하게 하는 것이 적당하지 아니하다고 인정되면 국가 또는 지방자치단체의 부담으로 훼손된 문화재를 원상 복구하고, 대통령령으로 정하는 바에 따라 제1항의 행위를 한 사람에게 그 비용을 청구할 수 있다.

④ 제3항에 따라 청구한 비용을 납부하여야 할 사람이 이를 납부하지 아니하는 때에는 국세 체납처분의 예 또는 「지방세외수입금의 징수 등에 관한 법률」에 따라 징수한다.

[본조신설 2020. 6. 9.]

제83조(토지의 수용 또는 사용)

① 문화재청장이나 지방자치단체의 장은 문화재의 보존·관리를 위하여 필요하면 지정문화재나 그 보호구역에 있는 토지, 건물, 나무, 대나무, 그 밖의 공작물을 「공익사업을 위한 토지 등의 취득 및 보상에 관한 법률」에 따라 수용(收用)하거나 사용할 수 있다.

〈개정 2020. 12. 22.〉

② 삭제 〈2014. 1. 28.〉

제84조(국·공유재산의 대부·사용 등)

① 국가 또는 지방자치단체는 문화재의 보존·관리·활용 또는 전승을 위하여 필요하다고 인정하면 「국유재산법」 또는 「공유재산 및 물품 관리법」에도 불구하고 국유 또는 공유재산을 수의계약으로 대부·사용·수익하게 하거나 매각할 수 있다.

② 제1항에 따른 국유 또는 공유재산의 대부·사용·수익·매각 등의 내용 및 조건에 관하여는 「국유재산법」 또는 「공유재산 및 물품 관리법」에서 정하는 바에 따른다.

제85조(문화재 방재의 날)

① 문화재를 화재 등의 재해로부터 안전하게 보존하고 국민의 문화재에 대한 안전관리의식을 높이기 위하여 매년 2월 10일을 문화재 방재의 날로 정한다.

② 국가 및 지방자치단체는 문화재 방재의 날 취지에 맞도록 문화재에 대한 안전점검, 방재훈련 등의 사업 및 행사를 실시한다.

③ 문화재 방재의 날 행사에 관하여 필요한 사항은 문화재청장 또는 시·도지사가 따로 정할 수 있다.

제86조(포상금)

① 문화재청장은 제90조부터 제92조까지와 「매장문화재 보호 및 조사에 관한 법률」 제31조의 죄를 범한 자나 그 미수범(未遂犯)이 기소유예 처분을 받거나 유죄판결이 확정된 경우 그 자를 수사기관에 제보(提報)한 자와 체포에 공로가 있는 자에게 예산의 범위에서 포상금을 지급하여야 한다.

② 수사기관의 범위, 제보의 처리, 포상금의 지급기준 등 포상금 지급에 필요한 사항은 대통령령으로 정한다.

제87조(다른 법률과의 관계)

① 문화재청장이 「자연공원법」에 따른 공원구역에서 대통령령으로 정하는 면적 이상의 지역을 대상으로 다음 각 호의 어느 하나에 해당하는 행위를 하려면 해당 공원관리청과 협의하여야 한다. 〈개정 2014. 1. 28.〉

　1. 제25조에 따라 일정한 지역을 사적, 명승, 천연기념물로 지정하는 경우

　2. 제27조에 따라 보호구역을 지정하는 경우

　3. 제35조제1항 본문에 따라 허가나 변경허가를 하는 경우

② 특별자치시장, 특별자치도지사, 시장·군수 또는 구청장이 「자연공원법」에 따른 공원구역에서 대통령령으로 정하는 면적 이상의 지역을 대상으로 제35조제1항 단서에 따라 허가나 변경허가를 하려면 해당 공원관리청과 협의하여야 한다. 〈신설 2014. 1. 28.〉

③ 제35조제1항(제74조제2항에 따라 준용되는 경우를 포함한다)에 따라 허가를 받은 때에는 다음 각 호의 허가를 받은 것으로 본다. 〈개정 2014. 1. 28.〉

　1. 「자연공원법」 제23조에 따른 공원구역에서의 행위 허가

　2. 「도시공원 및 녹지 등에 관한 법률」 제24조·제27조 및 제38조에 따른 도시공원·도시자연공원구역·녹지의 점용 및 사용 허가

④ 제23조, 제25조부터 제27조까지 또는 제70조제1항에 따라 국가지정문화재 또는 시·도지정문화재로 지정되거나 그의 보호물 또는 보호구역으로 지정·고시된 지역이 「국토의 계획 및 이용에 관한 법률」 제6조제1호에 따른 도시지역에 속하는 경우에는 같은 법 제37조제1항제5호에 따른 보호지구로 지정·고시된 것으로 본다. 〈개정 2014. 1. 28., 2017. 4. 18.〉

⑤ 다음 각 호의 어느 하나에 해당하는 문화재의 매매 등 거래행위에 관하여는 「민법」 제249조의 선의취득에 관한 규정을 적용하지 아니한다. 다만, 양수인이 경매나 문화재매매업자 등으로부터 선의로 이를 매수한 경우에는 피해자 또는 유실자(遺失者)는 양수인이 지급한 대가를 변상하고 반환을 청구할 수 있다. 〈개정 2014. 1. 28.〉

　1. 문화재청장이나 시·도지사가 지정한 문화재

　2. 도난물품 또는 유실물(遺失物)인 사실이 공고된 문화재

　3. 그 출처를 알 수 있는 중요한 부분이나 기록을 인위적으로 훼손한 문화재

⑥ 제5항제2호에 따른 공고에 필요한 사항은 문화체육관광부령으로 정한다. 〈개정 2014. 1. 28.〉

제88조(청문)

문화재청장, 시·도지사, 시장·군수 또는 구청장은 다음 각 호의 어느 하나에 해당하는 처분을 하려면 청문을 하여야 한다. 〈개정 2019. 11. 26.〉

1. 제22조의4제3항에 따른 지역센터의 지정 취소

2. 제22조의7에 따른 문화재교육 프로그램의 인증 취소

3. 제35조제1항, 제39조, 제56조제2항 또는 제60조제1항 단서에 따라 허가받은 자가 그 허가 사항이나 허가 조건을 위반한 경우의 허가취소

4. 제38조제5항에 따른 동물치료소의 지정 취소

5. 제80조에 따른 문화재매매업자의 허가취소 또는 영업정지

제88조(청문)

문화재청장, 시·도지사, 시장·군수 또는 구청장은 다음 각 호의 어느 하나에 해당하는 처분을 하려면 청문을 하여야 한다. 〈개정 2019. 11. 26., 2020. 6. 9.〉

1. 제22조의4제3항에 따른 지역센터의 지정 취소

2. 제22조의7에 따른 문화재교육 프로그램의 인증 취소

3. 제35조제1항, 제39조, 제56조제2항 또는 제60조제1항 단서에 따라 허가받은 자가 그 허가 사항이나 허가 조건을 위반한 경우의 허가취소

4. 제38조제5항에 따른 동물치료소의 지정 취소

5. 제80조에 따른 문화재매매업자의 허가취소 또는 영업정지

6. 제80조의5제2항에 따른 지역문화재돌봄센터의 지정 취소

[시행일 : 2021. 6. 10.] 제88조

제89조(벌칙 적용에서의 공무원 의제)

다음 각 호의 어느 하나에 해당하는 자는 「형법」 제129조부터 제132조까지의 규정을 적용할 때에는 공무원으로 본다. 〈개정 2014. 1. 28.〉

1. 제8조제1항에 따라 문화재 보존·관리에 관한 사항을 조사·심의하는 문화재위원회 위원 (제71조제1항에 따른 시·도문화재위원회의 위원을 포함한다)

1의2. 제13조제2항 후단에 따라 지정문화재 보존 영향 검토에 대한 의견을 제출하는 자

1의3. 제36조제2항에 따라 현상변경허가 조사 의견을 제출하는 자

2. 제38조제4항에 따라 천연기념물 동물 치료경비 지급업무를 위탁받아 수행하는 자

3. 제44조제6항에 따라 문화재조사를 위탁받아 수행하는 자

4. 제82조에 따라 문화재청장의 권한을 위탁받은 사무에 종사하는 자

제13장 벌칙

제90조(무허가수출 등의 죄)

① 제39조제1항 본문(제59조제2항과 제74조제1항에 따라 준용하는 경우를 포함한다)을 위반하여 지정문화재 또는 임시지정문화재를 국외로 수출 또는 반출하거나 제39조제1항 단서 및 제2항부터 제4항까지(제59조제2항과 제74조제1항에 따라 준용하는 경우를 포함한다)에 따라 반출한 문화재를 기한 내에 다시 반입하지 아니한 자는 5년 이상의 유기징역에 처하고 그 문화재는 몰수한다. 〈개정 2016. 2. 3., 2019. 11. 26.〉

② 제60조제1항을 위반하여 문화재를 국외로 수출 또는 반출하거나 반출한 문화재를 다시 반입하지 아니한 자는 3년 이상의 유기징역에 처하고 그 문화재는 몰수한다.

③ 제1항 또는 제2항을 위반하여 국외로 수출 또는 반출하는 사실을 알고 해당 문화재를 양도·양수 또는 중개한 자는 3년 이상의 유기징역에 처하고 그 문화재는 몰수한다.
〈개정 2020. 12. 22.〉

제90조의2(추징)

제90조에 따라 해당 문화재를 몰수할 수 없을 때에는 해당 문화재의 감정가격을 추징한다.
[본조신설 2019. 11. 26.]

제91조(허위 지정 등 유도죄)

거짓이나 그 밖의 부정한 방법으로 지정문화재 또는 임시지정문화재로 지정하게 한 자는 5년 이상의 유기징역에 처한다. 〈개정 2019. 11. 26.〉

제92조(손상 또는 은닉 등의 죄)

① 국가지정문화재(국가무형문화재는 제외한다)를 손상, 절취 또는 은닉하거나 그 밖의 방법으로 그 효용을 해한 자는 3년 이상의 유기징역에 처한다. 〈개정 2015. 3. 27.〉

② 다음 각 호의 어느 하나에 해당하는 자는 2년 이상의 유기징역에 처한다. 〈개정 2019. 11. 26.〉

1. 제1항에 규정된 것 외의 지정문화재 또는 임시지정문화재(건조물은 제외한다)를 손상, 절취 또는 은닉하거나 그 밖의 방법으로 그 효용을 해한 자

2. 일반동산문화재인 것을 알고 일반동산문화재를 손상, 절취 또는 은닉하거나 그 밖의 방법

으로 그 효용을 해한 자

③ 다음 각 호의 어느 하나에 해당하는 자는 2년 이상의 유기징역이나 2천만원 이상 1억5천만원 이하의 벌금에 처한다.

1. 제35조제1항제1호에 따른 현상변경의 허가나 변경허가를 받지 아니하고 천연기념물을 박제 또는 표본으로 제작한 자

2. 제1항·제2항 또는 제1호를 위반한 행위를 알고 해당 문화재를 취득, 양도, 양수 또는 운반한 자

3. 제2호에 따른 행위를 알선한 자

④ 제1항과 제2항에 규정된 은닉 행위 이전에 타인에 의하여 행하여진 같은 항에 따른 손상, 절취, 은닉, 그 밖의 방법으로 그 지정문화재, 임시지정문화재 또는 일반동산문화재의 효용을 해하는 행위가 처벌되지 아니한 경우에도 해당 은닉 행위자는 같은 항에 정한 형으로 처벌한다. 〈개정 2019. 11. 26.〉

⑤ 제1항부터 제4항까지의 경우에 해당하는 문화재는 몰수하되, 몰수하기가 불가능하면 해당 문화재의 감정가격을 추징한다. 다만, 제4항에 따른 은닉 행위자가 선의로 해당 문화재를 취득한 경우에는 그러하지 아니하다.

제93조(가중죄)

① 단체나 다중(多衆)의 위력(威力)을 보이거나 위험한 물건을 몸에 지녀서 제90조부터 제92조까지의 죄를 범하면 각 해당 조에 정한 형의 2분의 1까지 가중한다.

② 제1항의 죄를 범하여 지정문화재나 임시지정문화재를 관리 또는 보호하는 사람을 상해에 이르게 한 때에는 무기 또는 5년 이상의 징역에 처한다. 사망에 이르게 한 때에는 사형, 무기 또는 5년 이상의 징역에 처한다. 〈개정 2019. 11. 26.〉

제94조(「형법」의 준용)

다음 각 호의 건조물에 대하여 방화, 일수(溢水) 또는 파괴의 죄를 범한 자는 「형법」 제165조·제178조 또는 제367조와 같은 법 중 이들 조항에 관계되는 법조(法條)의 규정을 준용하여 처벌하되, 각 해당 조에 정한 형의 2분의 1까지 가중한다. 〈개정 2019. 11. 26.〉

1. 지정문화재나 임시지정문화재인 건조물

2. 지정문화재나 임시지정문화재를 보호하기 위한 건조물

제95조(사적 등에의 일수죄)

물을 넘겨 문화재청장이 지정 또는 임시지정한 사적, 명승 또는 천연기념물이나 보호구역을 침해한 자는 2년 이상 10년 이하의 징역에 처한다. 〈개정 2019. 11. 26.〉

제96조(그 밖의 일수죄)

물을 넘겨 제95조에 규정한 것 외의 지정문화재 또는 임시지정문화재나 그 보호구역을 침해한 자는 10년 이하의 징역이나 1억원 이하의 벌금에 처한다. 〈개정 2019. 11. 26.〉

제97조(미수범 등)

① 제90조부터 제92조까지, 제93조제1항, 제95조 및 제96조의 미수범은 처벌한다.

② 제90조의 죄를 범할 목적으로 예비 또는 음모한 자는 2년 이하의 징역에 처한다.

〈신설 2019. 11. 26.〉

③ 제91조, 제92조, 제93조제1항, 제95조 및 제96조의 죄를 범할 목적으로 예비 또는 음모한 자는 2년 이하의 징역이나 2천만원 이하의 벌금에 처한다. 〈개정 2019. 11. 26.〉

제98조(과실범)

① 과실로 인하여 제95조 또는 제96조의 죄를 범한 자는 1천만원 이하의 벌금에 처한다.

② 업무상 과실이나 중대한 과실로 인하여 제95조 또는 제96조의 죄를 범한 자는 3년 이하의 금고나 3천만원 이하의 벌금에 처한다.

제99조(무허가 행위 등의 죄)

① 다음 각 호의 어느 하나에 해당하는 자는 5년 이하의 징역이나 5천만원 이하의 벌금에 처한다. 〈개정 2019. 11. 26.〉

1. 제35조제1항제1호 또는 제2호(제47조와 제74조제2항에 따라 준용되는 경우를 포함한다)를 위반하여 지정문화재(보호물, 보호구역과 천연기념물 중 죽은 것을 포함한다)나 임시지정문화재의 현상을 변경하거나 그 보존에 영향을 미칠 우려가 있는 행위를 한 자

2. 제35조제1항제4호(제74조제2항에 따라 준용되는 경우를 포함한다)를 위반하여 허가 없이 명승, 천연기념물로 지정 또는 임시지정된 구역 또는 보호구역에서 동물, 식물, 광물을 포획·채취하거나 이를 그 구역 밖으로 반출한 자

3. 제75조제1항을 위반하여 허가를 받지 아니하고 영업행위를 한 자

② 다음 각 호의 어느 하나에 해당하는 자는 2년 이하의 징역이나 2천만원 이하의 벌금에 처한

다. 〈개정 2018. 12. 24.〉

1. 제1항 각 호의 경우 그 문화재가 자기 소유인 자
2. 제56조제2항(제74조제3항에 따라 준용되는 경우를 포함한다)을 위반하여 허가나 변경허가를 받지 아니하고 등록문화재의 현상을 변경하는 행위를 한 자

제100조(행정명령 위반 등의 죄)

다음 각 호의 어느 하나에 해당하는 자는 3년 이하의 징역이나 3천만원 이하의 벌금에 처하고, 제2호의 경우에는 그 물건을 몰수한다. 〈개정 2019. 11. 26.〉

1. 정당한 사유 없이 제21조제1항이나 제42조제1항(제74조제2항에 따라 준용되는 경우를 포함한다)에 따른 명령을 위반한 자
2. 천연기념물(시·도지정문화재 중 기념물을 포함한다)로 지정 또는 임시지정된 동물의 서식지, 번식지, 도래지 등에 그 생장에 해로운 물질을 유입하거나 살포한 자

제101조(관리행위 방해 등의 죄)

다음 각 호의 어느 하나에 해당하는 자는 2년 이하의 징역이나 2천만원 이하의 벌금에 처한다.〈개정 2019. 11. 26.〉

1. 정당한 사유 없이 제12조에 따른 지시에 불응하는 자
2. 제34조제5항(제74조제2항에 따라 준용되는 경우를 포함한다)을 위반하여 관리단체의 관리행위를 방해하거나 그 밖에 정당한 사유 없이 지정문화재나 임시지정문화재의 관리권자의 관리행위를 방해한 자
3. 허가 없이 제35조제1항제3호(제74조제2항에 따라 준용되는 경우를 포함한다)에 규정된 행위를 한 자
4. 제44조제4항 본문(제45조제2항과 제74조제2항에 따라 준용되는 경우를 포함한다)에 따른 협조를 거부하거나 필요한 행위를 방해한 자
5. 지정문화재나 임시지정문화재의 관리·보존에 책임이 있는 자 중 중대한 과실로 인하여 해당 문화재를 멸실 또는 훼손하게 한 자
6. 거짓의 신고 또는 보고를 한 자
7. 지정문화재로 지정된 구역이나 그 보호구역의 경계 표시를 고의로 손괴, 이동, 제거, 그 밖의 방법으로 그 구역의 경계를 식별할 수 없게 한 자
8. 제48조제2항에 따른 문화재청장의 공개 제한을 위반하여 문화재를 공개하거나 같은 조 제5항에 따른 허가를 받지 아니하고 출입한 자(제74조제2항에 따라 준용되는 경우를 포

함한다)

제101조의2(명의 대여 등의 죄)

제77조의2를 위반하여 다른 자에게 자기의 명의 또는 상호를 사용하여 문화재매매업을 하게 하거나 그 허가증을 다른 자에게 빌려 준 자는 1년 이하의 징역이나 1천만원 이하의 벌금에 처한다.

[본조신설 2019. 11. 26.]

제102조(양벌규정)

법인의 대표자나 법인 또는 개인의 대리인, 사용인, 그 밖의 종업원이 그 법인 또는 개인의 업무에 관하여 제94조부터 제96조까지 또는 제98조부터 제101조까지의 어느 하나에 해당하는 위반행위를 하면 그 행위자를 벌하는 외에 그 법인 또는 개인에게도 해당 조문의 벌금형을 과(科)하고 벌금형이 없는 경우에는 3억원 이하의 벌금에 처한다. 다만, 법인 또는 개인이 그 위반행위를 방지하기 위하여 해당 업무에 관하여 상당한 주의와 감독을 게을리하지 아니한 경우에는 그러하지 아니하다.

제103조(과태료)

① 다음 각 호의 어느 하나에 해당하는 자에게는 500만원 이하의 과태료를 부과한다.

1. 제14조의4제3항에 따른 시정명령을 따르지 아니한 자
2. 제22조의6제6항을 위반하여 인증을 받지 아니한 문화재교육 프로그램에 대하여 인증표시를 하거나 이와 비슷한 표시를 한 자
3. 제40조제1항제6호(제74조제2항에 따라 준용되는 경우를 포함한다)에 따른 신고를 하지 아니한 자
4. 제55조제6호에 따른 신고를 하지 아니한 자
5. 제56조제1항에 따른 신고를 하지 아니한 자

② 제82조의2를 위반하여 한국문화재재단 또는 이와 유사한 명칭을 사용한 자에게는 400만원 이하의 과태료를 부과한다.

③ 다음 각 호의 어느 하나에 해당하는 자에게는 300만원 이하의 과태료를 부과한다.

1. 제40조제1항제7호 · 제9호의2 · 제9호의3 또는 같은 조 제3항(제74조제2항에 따라 준용되는 경우를 포함한다)에 따른 신고를 하지 아니한 자
2. 제41조제1항에 따른 수입 · 반입 신고를 하지 아니한 자

④ 다음 각 호의 어느 하나에 해당하는 자에게는 200만원 이하의 과태료를 부과한다.

1. 제40조제1항제1호부터 제5호까지, 제8호 또는 제9호(제74조제2항에 따라 준용되는 경우를 포함한다)에 따른 신고를 하지 아니한 자

2. 제55조제1호부터 제5호까지, 제7호 또는 제8호에 따른 신고를 하지 아니한 자

3. 제60조제4항에 따른 신고를 하지 아니한 자

4. 제75조제2항에 따른 신고를 하지 아니한 자

5. 제75조제4항에 따른 변경신고를 하지 아니한 자

6. 제75조의2제2항에 따른 신고를 하지 아니한 자

7. 제78조에 따른 준수 사항을 이행하지 아니한 자

8. 제79조에 따른 폐업신고를 하지 아니한 자

⑤ 제14조의4제5항을 위반하여 금연구역에서 흡연을 한 사람에게는 10만원 이하의 과태료를 부과한다.

[전문개정 2020. 12. 8.]

제104조(과태료의 부과 · 징수)

제103조에 따른 과태료는 대통령령으로 정하는 바에 따라 문화재청장, 시 · 도지사 또는 시장 · 군수 · 구청장이 부과 · 징수한다.

부칙 〈제17711호, 2020. 12. 22.〉

이 법은 공포한 날부터 시행한다.

문화재보호법 시행령

[시행 2021. 1. 5]
[대통령령 제31380호, 2021. 1. 5, 타법개정]

제1조(목적)

이 영은 「문화재보호법」에서 위임된 사항과 그 시행에 필요한 사항을 규정함을 목적으로 한다.

제1조의2(문화재교육의 범위 및 유형)

① 「문화재보호법」(이하 "법"이라 한다) 제2조제2항에 따른 문화재교육의 범위는 다음 각 호와 같다. 다만, 「문화예술교육 지원법」 제2조제1호에 따른 문화예술교육 중 「문화예술진흥법」 제2조제1항제1호에 따른 문화예술을 교육내용으로 하거나 교육과정에 활용하는 문화예술교육은 제외한다.

1. 문화재를 통하여 전통문화 계승과 지역문화 발전에 기여하고 인류의 보편적 가치와 문화다양성을 증진하는 교육
2. 문화재에 대한 보호의식을 함양하고 문화재의 보호활동을 장려하는 교육

② 법 제2조제2항에 따른 문화재교육의 유형은 다음 각 호와 같다.

1. 학교문화재교육: 「유아교육법」 제2조제2호에 따른 유치원 및 「초·중등교육법」 제2조에 따른 학교에서 실시하는 문화재교육
2. 사회문화재교육: 법 제22조의4제1항에 따른 문화재교육지원센터, 「평생교육법」 제2조제2호에 따른 평생교육기관 및 그 밖에 문화재교육과 관련된 기관 및 법인·단체에서 실시하는 학교문화재교육 외의 모든 형태의 문화재교육

[본조신설 2020. 5. 26.]

제2조(건설공사의 범위)

법 제2조제8항에서 "대통령령으로 정하는 공사"란 다음 각 호의 공사를 말한다. 다만, 제2호부터 제4호까지의 공사는 지표(地表)의 원형을 변형하는 경우만 해당한다.

⟨개정 2018. 5. 28., 2019. 7. 2., 2020. 5. 26.⟩

1. 「건설산업기본법」 제2조제4호에 따른 건설공사
2. 「전기공사업법」 제2조제1호에 따른 전기공사
3. 「정보통신공사업법」 제2조제2호에 따른 정보통신공사
4. 「소방시설공사업법」에 따른 소방시설공사
5. 지정문화재, 지정문화재의 보호구역 또는 법 제13조제1항에 따른 역사문화환경 보존지역에서 수목을 식재(植栽)하거나 제거하는 공사
6. 그 밖에 토지 또는 해저(「내수면어업법」 제2조제1호에 따른 내수면과 「연안관리법」

제2조제2호에 따른 연안해역을 말한다)의 원형변경[땅깎기, 다시 메우기, 땅파기, 골재 채취(採取), 광물 채취, 준설(浚渫), 수몰 또는 매립 등을 말한다]

[제목개정 2020. 5. 26.]

제3조(문화재기본계획 수립을 위한 의견 청취 대상자)

법 제6조제2항에서 "대통령령으로 정하는 소유자, 관리자 또는 관리단체 및 관련 전문가"란 다음 각 호의 어느 하나에 해당하는 자를 말한다. 〈개정 2014. 12. 23.〉

1. 지정문화재나 등록문화재의 소유자 또는 관리자
2. 지정문화재나 등록문화재의 관리단체
3. 법 제8조에 따른 문화재위원회(이하 "문화재위원회"라 한다)의 위원
4. 그 밖에 문화재와 관련된 전문적인 지식이나 경험을 가진 자로서 문화재청장이 정하여 고시하는 자

제3조의2(공동연구의 대상 사업)

법 제6조의2제1항에 따른 공동연구의 대상 사업은 다음 각 호와 같다.

1. 문화재의 보존·관리 및 활용과 관련된 다른 분야와의 상호 협력이 필요한 연구개발 사업
2. 다른 중앙행정기관의 장 또는 지방자치단체의 장 등이 요청한 연구개발 사업으로서 문화재청장이 필요하다고 인정하는 사업
3. 제1호 및 제2호에 따른 연구개발 사업의 기초가 되는 사업
4. 그 밖에 문화재청장이 문화재의 보존·관리 및 활용 등의 연구개발을 효율적으로 추진하기 위하여 필요하다고 인정하는 사업

[본조신설 2018. 2. 27.]

제4조(문화재 보존 시행계획의 수립절차 등)

① 법 제7조제1항에 따른 문화재기본계획에 관한 연도별 시행계획(이하 "시행계획"이라 한다)에는 다음 각 호의 사항이 포함되어야 한다.

1. 해당 연도의 사업 추진방향
2. 주요 사업별 추진방침
3. 주요 사업별 세부계획
4. 그 밖에 문화재의 보존·관리 및 활용을 위하여 필요한 사항

② 특별시장·광역시장·특별자치시장·도지사 또는 특별자치도지사(이하 "시·도지사"라 한

다)는 법 제7조제2항에 따라 해당 연도의 시행계획 및 전년도의 추진실적을 매년 1월 31일까지 문화재청장에게 제출하여야 한다. 〈개정 2014. 12. 23., 2020. 5. 26.〉

③ 문화재청장 및 시·도지사는 법 제7조제3항에 따라 해당 연도의 시행계획을 매년 2월 말일까지 문화재청 및 해당 특별시·광역시·특별자치시·도 또는 특별자치도의 게시판과 인터넷 홈페이지를 통하여 공고하여야 한다. 〈개정 2014. 12. 23.〉

제5조(사업계획서 제출 등)

① 법 제9조에 따른 한국문화재재단(이하 이 조에서 "재단"이라 한다)은 매년 11월 30일까지 다음 연도의 사업계획서 및 예산서를 작성하여 문화재청장에게 제출하여야 한다.

〈개정 2014. 8. 27.〉

② 재단은 매 사업연도의 사업실적 및 결산서를 작성하여 다음 사업연도 2월 말일까지 문화재청장에게 제출하여야 한다. 〈개정 2014. 8. 27.〉

제6조(문화재 기초조사의 절차)

① 문화재청장은 법 제10조제1항에 따른 조사를 하려면 조사자, 조사대상, 조사 경위 등 조사에 관한 전반적인 사항이 포함된 조사계획서를 조사 착수 전까지 작성하여야 한다.

② 중앙행정기관의 장(문화재청장은 제외한다) 또는 지방자치단체의 장은 법 제10조제1항에 따른 조사를 하려면 제1항에 따른 조사계획서를 작성하여 조사 착수 전까지 문화재청장에게 제출하여야 한다.

③ 문화재청장은 법 제10조제1항에 따른 조사가 끝난 후 60일 안에 다음 각 호의 사항이 포함된 결과보고서를 작성하여야 한다. 이 경우 조사의 기간이 1년을 초과할 때에는 다음 각 호의 사항이 포함된 중간보고서를 조사가 시작된 후 1년이 되는 때마다 작성하여야 한다.

1. 조사자, 조사경과, 조사방법 등 조사의 일반적인 사항

2. 조사한 문화재의 상세한 현재 상태

3. 조사한 문화재의 소유자 또는 관리자, 소재지 및 이력 등에 관한 사항

④ 중앙행정기관의 장(문화재청장은 제외한다) 또는 지방자치단체의 장은 법 제10조제1항에 따른 조사가 끝난 후 60일 안에 제3항 각 호의 사항이 포함된 결과보고서를 작성하여 문화재청장에게 제출하여야 한다. 이 경우 조사의 기간이 1년을 초과할 때에는 제3항 각 호의 사항이 포함된 중간보고서를 조사가 시작된 후 1년이 되는 때마다 작성하여 제출하여야 한다.

제7조(문화재정보체계 구축 범위 및 운영 등)

① 법 제11조제1항에 따른 문화재정보체계의 구축 범위는 다음 각 호와 같다.

　1. 문화재의 명칭, 소재지, 소유자 등이 포함된 기본현황자료

　2. 문화재의 보존 · 관리 및 활용에 관한 자료

　3. 문화재 조사 · 발굴 및 연구 자료

　4. 사진, 도면, 동영상 등 해당 문화재의 이해에 도움이 되는 자료

　5. 그 밖에 문화재 정보가치가 있는 자료로서 문화재청장이 필요하다고 인정하는 사항

② 문화재청장은 제1항 각 호의 자료를 전자정보, 책자 등의 형태로 구축하고, 문화재 정보의 효율적인 활용을 위하여 그 구축한 내용을 문화재청 자료관이나 인터넷 홈페이지 등을 통하여 국민에게 제공할 수 있다.

제7조의2(역사문화환경 보존지역의 문화재 보존 영향 검토 절차)

① 건설공사의 인가 · 허가 등을 담당하는 행정기관(이하 이 조에서 "인허가 행정기관"이라 한다)은 법 제13조제1항에 따른 역사문화환경 보존지역에서 시행하는 건설공사에 관하여는 법 제13조제2항 전단에 따라 해당 건설공사의 시행이 역사문화환경 보존지역에서 제21조의2제2항 각 호의 행위에 해당하는지를 검토하여야 한다.

② 인허가 행정기관은 제1항에 따른 검토를 하는 경우 법 제13조제2항 후단에 따라 다음 각 호의 어느 하나에 해당하는 전문가 3명 이상(제1호 또는 제2호에 해당하는 사람을 1명 이상 포함하여야 하며, 제4호에 해당하는 사람은 1명을 초과해서는 아니 된다)의 의견을 들어야 한다. 이 경우 제4호에 해당하는 사람은 해당 건설공사를 시행하는 기관에 소속되지 아니한 사람이어야 한다.

　1. 문화재위원회의 위원 또는 전문위원

　2. 법 제71조에 따른 시 · 도문화재위원회의 위원 또는 전문위원

　3. 「고등교육법」 제2조에 따른 학교의 문화재 관련 학과의 조교수 이상인 교원

　4. 문화재 업무를 담당하는 학예연구관, 학예연구사 또는 나군 이상의 전문경력관

③ 인허가 행정기관은 제1항에 따른 건설공사의 시행이 제21조의2제2항제1호다목 또는 라목의 행위에 해당하는지를 검토하는 경우에는 제2항에도 불구하고 제2항제1호 또는 같은 항 제2호의 관계 전문가 1명 이상과 다음 각 호의 어느 하나에 해당하는 관계 전문가 1명 이상을 포함한 3명 이상의 관계 전문가의 의견을 들어야 한다.　　　　　　　　〈개정 2018. 2. 27.〉

　1. 「고등교육법」 제2조에 따른 학교의 건축, 토목, 환경, 도시계획, 소음, 진동, 대기오염, 화학물질, 먼지 또는 열에 관련된 분야의 학과의 조교수 이상인 교원

2. 제1호에 따른 분야의 학회로부터 추천을 받은 사람

3. 제1호에 따른 분야의 연구기관에 소속된 연구원 이상인 연구자

④ 제2항 및 제3항에 따라 검토에 참여한 관계 전문가는 문화체육관광부령으로 정하는 검토의 견서를 작성하여 인허가 행정기관에 제출하여야 한다.

⑤ 인허가 행정기관은 제1항부터 제4항까지의 규정에 따라 검토한 결과 해당 건설공사의 시행이 지정문화재의 보존에 영향을 미칠 우려가 있는 행위에 해당하는지 여부를 결정하여 그 결과를 해당 건설공사의 시행자에게 알려야 한다. 다만, 인허가 행정기관은 제2항 또는 제3항에 따라 의견을 들은 관계 전문가의 2분의 1 이상이 해당 건설공사의 시행이 제21조의2제2항 각 호의 행위에 해당한다고 판단한 경우에는 해당 건설공사의 시행이 지정문화재의 보존에 영향을 미칠 우려가 있는 행위에 해당한다는 결정을 하여야 한다.

⑥ 인허가 행정기관은 제5항에 따라 지정문화재의 보존에 영향을 미칠 우려가 있는 행위에 해당한다는 결정을 한 경우에는 건설공사의 시행자에게 법 제35조제1항제2호에 따른 허가를 받도록 안내하여야 한다.

⑦ 문화재청장은 인허가 행정기관에 제1항부터 제3항까지의 규정에 따른 검토와 관련된 자료의 제출을 요구하거나 의견을 제시할 수 있다.

[본조신설 2014. 12. 23.]

제8조(화재, 재난 및 도난 대응매뉴얼 마련 등)

① 법 제14조의2제1항에 따라 화재 및 재난 대응매뉴얼을 마련하여야 하는 문화재의 범위는 다음 각 호와 같다.   〈개정 2017. 6. 13., 2018. 2. 27.〉

1. 지정문화재 중 목조건축물류, 석조건축물류, 분묘(墳墓), 조적조(組積造) 및 콘크리트조 건축물류

2. 지정문화재 안에 있는 목조건축물과 보호구역 안에 있는 목조건축물. 다만, 화장실, 휴게시설 등 중요도가 낮은 건축물은 제외한다.

3. 법 제19조제1항에 따른 세계유산 안에 있는 목조건축물. 다만, 화장실, 휴게시설 등 중요도가 낮은 건축물은 제외한다.

4. 등록문화재 중 건축물. 다만, 다른 법령에 따라 화재 및 재난에 대비한 매뉴얼 등을 마련한 경우에는 법 제14조의2에 따른 화재 및 재난 대응매뉴얼을 마련한 것으로 본다.

② 법 제14조의2제1항에 따라 도난 대응매뉴얼을 마련하여야 하는 문화재의 범위는 다음 각 호와 같다.   〈신설 2017. 6. 13., 2018. 2. 27.〉

1. 지정문화재 중 동산에 해당하는 문화재

2. 등록문화재 중 동산에 해당하는 문화재

③ 제1항 및 제2항에 따른 대응매뉴얼에는 다음 각 호의 사항이 포함되어야 한다.

〈개정 2018. 2. 27.〉

1. 화재, 재난 및 도난(이하 "화재등"이라 한다) 예방 활동

2. 화재등 발생 시 신고방법

3. 화재 및 재난 시 문화재의 이동 · 분산대피 등 대응방법

④ 문화재청장 및 시 · 도지사는 제1항 및 제2항에 따른 대응매뉴얼을 연 1회 이상 점검 · 보완하여야 한다. 이 경우 시 · 도지사는 보완한 대응매뉴얼을 보완한 날부터 15일 이내에 문화재청장에게 제출하여야 한다. 〈신설 2018. 2. 27.〉

[제목개정 2018. 2. 27.]

제8조의2(문화재 방재 관련 정보의 구축 및 관리)

① 법 제14조의6제1항에 따라 문화재청장이 구축 · 관리하여야 하는 문화재 방재 관련 정보의 범위는 다음 각 호와 같다.

1. 문화재 방재 시설의 종류 및 수량

2. 문화재 방재 시설의 사용 교육 및 훈련 현황

3. 문화재 안전관리 인력 현황

4. 그 밖에 화재등 문화재 피해에 효과적으로 대응하기 위하여 필요한 정보로서 문화재청장이 정하는 정보

② 문화재청장은 제1항 각 호의 정보를 전자정보의 형태로 구축하고, 지방자치단체의 장이 공동으로 활용할 수 있도록 하여야 한다.

③ 제1항 및 제2항에서 규정한 사항 외에 문화재 방재 관련 정보의 구축 및 관리에 필요한 세부 사항은 문화재청장이 정한다.

[본조신설 2018. 2. 27.]

제9조(남북한 간 문화재 교류 협력)

① 법 제18조제3항에 따른 남북한 간 문화재분야 교류 협력사업의 지원대상은 다음 각 호와 같다.

1. 남북한 문화재 공동조사 · 연구 및 수리

2. 남북한 문화재 보존 · 관리에 관한 정보와 기술의 교류

3. 문화재분야 관계 전문가 인적 교류

4. 국제연합교육과학문화기구 세계유산에 북한 문화재 등재 지원

5. 그 밖에 남북한 문화재 교류 협력을 위하여 필요한 사항

② 법 제18조제3항에 따라 남북한 간 문화재분야 교류 협력사업과 조사 · 연구 등에 드는 경비의 전부 또는 일부를 지원받으려는 기관 또는 단체는 해당 사업에 대한 사업계획서를 작성하여 문화재청장에게 제출하고 그 승인을 받아야 하며, 사업이 끝난 후 2개월 안에 사업실적보고서를 문화재청장에게 제출하여야 한다. 승인받은 사항 중 문화체육관광부령으로 정하는 사항을 변경하려는 경우에도 또한 같다.

제10조(세계유산등의 보호)

① 문화재청장은 법 제19조제2항에 따른 세계유산등(이하 이 조에서 "세계유산등"이라 한다)을 유지 · 관리하고, 그 보호에 필요한 조치를 하기 위하여 세계유산등의 현황 및 보존상태에 대하여 정기적으로 조사 · 점검(「세계문화유산 및 자연유산의 보호에 관한 협약」 에 따른 정기보고 의무 이행을 위한 정기적인 점검활동을 포함한다)할 수 있다.

② 문화재청장은 세계유산등의 소재지를 관할하는 지방자치단체의 장에게 제1항에 따른 조사 · 점검에 필요한 관련 자료 및 의견 제출을 요청할 수 있다.

③ 제2항에 따라 관련 자료 및 의견 제출을 요청받은 지방자치단체의 장은 특별한 사유가 없으면 그 요청에 따라야 한다.

④ 제1항에 따른 조사 · 점검의 방법, 절차 등에 관하여 필요한 사항은 문화재청장이 정한다.

제10조의2(문화재교육 실태조사의 범위 등)

① 법 제22조의3제1항에 따른 문화재교육 현황 등에 대한 실태조사(이하 "실태조사"라 한다)의 범위는 다음 각 호와 같다.

1. 지역별 · 유형별 문화재교육 프로그램 현황

2. 문화재교육 전문인력 현황

3. 문화재교육 관련 기관 및 법인 · 단체 현황

4. 문화재교육 시설 현황

5. 문화재교육 현장의 수요

6. 그 밖에 문화재청장이 문화재교육 관련 정책의 수립 · 시행을 위하여 실태조사가 필요하다고 인정하는 사항

② 실태조사는 다음 각 호의 구분에 따라 실시한다.

1. 정기조사: 3년마다 실시

2. 수시조사: 문화재청장이 문화재교육 관련 정책의 수립 · 변경을 위하여 필요하다고 인정하는 경우에 실시

③ 문화재청장은 실태조사를 위하여 필요한 경우 관계 중앙행정기관의 장 또는 지방자치단체의 장에게 필요한 자료의 제출을 요청할 수 있다.

[본조신설 2020. 5. 26.]

제10조의3(문화재교육지원센터의 지정요건 등)

① 법 제22조의4제1항에 따라 같은 항에 따른 문화재교육지원센터(이하 "지원센터"라 한다)로 지정받으려는 자는 다음 각 호의 요건을 모두 갖추어 문화체육관광부령으로 정하는 바에 따라 문화재청장에게 신청해야 한다.

1. 삭제 〈2021. 1. 5.〉

2. 다음 각 목의 시설을 갖출 것

가. 지원센터의 업무를 수행하기 위한 사무실

나. 강의실

다. 문화재교육에 필요한 교재 및 교육장비 등을 보관할 수 있는 시설

3. 다음 각 목의 어느 하나에 해당하는 전문인력 1명 이상이 상시근무할 것

가. 「고등교육법」 제2조에 따른 학교에서 문화재 관련 분야 또는 교육 관련 분야의 학사학위를 취득한 후 3년 이상의 문화재교육 경력을 갖춘 사람

나. 「고등교육법」 제2조에 따른 학교에서 문화재 관련 분야 또는 교육 관련 분야의 석사학위를 취득한 후 1년 이상의 문화재교육 경력을 갖춘 사람

다. 「고등교육법」 제2조에 따른 학교에서 문화재 관련 분야 또는 교육 관련 분야의 박사학위를 취득한 사람

라. 그 밖에 가목부터 다목까지의 규정에 해당하는 자격과 동등한 수준 이상이라고 문화재청장이 인정하여 고시하는 자격을 갖춘 사람

② 문화재청장은 제1항에 따른 신청을 받은 경우에는 같은 항 각 호의 요건을 모두 갖추었는지를 검토하여 지정 여부를 결정해야 한다. 〈신설 2021. 1. 5.〉

③ 문화재청장은 제2항에 따라 지정 여부를 결정할 때에는 최근 3년간 문화재교육을 실시한 실적을 고려할 수 있다. 〈신설 2021. 1. 5.〉

④ 문화재청장은 지원센터를 지정한 경우에는 문화체육관광부령으로 정하는 지정서를 발급하고, 그 사실을 문화재청의 인터넷 홈페이지에 게시해야 한다. 〈개정 2021. 1. 5.〉

⑤ 법 제22조의4제3항에 따른 지원센터의 지정취소 및 업무정지의 기준은 별표 1과 같다.

⑥ 제1항부터 제5항까지에서 규정한 사항 외에 지원센터의 지정에 필요한 사항은 문화재청장이 정하여 고시한다. 〈개정 2021. 1. 5.〉

[본조신설 2020. 5. 26.]

제10조의4(문화재교육 업무의 위탁)

① 법 제22조의4제4항에서 "대통령령으로 정하는 기관"이란 다음 각 호의 기관을 말한다.

  1. 법 제9조에 따른 한국문화재재단

  2. 「매장문화재 보호 및 조사에 관한 법률」 제29조제2항에 따라 매장문화재의 조사, 발굴 및 보호에 관한 업무를 위탁받은 법인

  3. 「문화유산과 자연환경자산에 관한 국민신탁법」 제3조제1항에 따른 문화유산국민신탁

  4. 「문화재수리 등에 관한 법률」 제41조의2에 따른 전통건축수리기술진흥재단

  5. 「한국전통문화대학교 설치법」 제2조에 따른 한국전통문화대학교가 「산업교육진흥 및 산학연협력촉진에 관한 법률」 제25조제1항에 따라 설립한 산학협력단

  6. 그 밖에 문화재청장이 문화재교육에 관한 업무를 수행할 능력이 있다고 인정하는 기관

② 문화재청장은 법 제22조의4제4항에 따라 문화재교육에 관한 업무를 위탁받은 지원센터 또는 제1항 각 호의 기관이 업무를 수행하는 데 필요한 비용의 전부 또는 일부를 지원할 수 있다.

③ 제2항에 따라 지원을 받은 지원센터 또는 제1항 각 호의 기관은 다음 연도의 사업추진계획을 매년 12월 31일까지, 전년도의 사업추진실적과 예산집행실적을 매년 1월 31일까지 문화재청장에게 제출해야 한다.

④ 문화재청장은 법 제22조의4제4항에 따라 업무를 위탁한 경우에는 수탁기관 및 위탁업무의 내용을 고시해야 한다.

[본조신설 2020. 5. 26.]

제10조의5(문화재수증심의위원회의 구성 및 운영)

① 법 제22조의8제3항에 따른 문화재수증심의위원회(이하 "수증심의위원회"라 한다)는 성별을 고려하여 위원장 1명을 포함한 5명 이상 10명 이내의 위원으로 구성한다.

② 수증심의위원회 위원은 문화재 전시 및 관리에 관한 학식과 경험이 풍부한 사람 중에서 문화재청장이 위촉한다.

③ 수증심의위원회의 위원장은 위원 중에서 호선(互選)한다.

④ 수중심의위원회의 회의는 구성위원 과반수의 출석으로 개의(開議)하고, 출석위원 과반수의 찬성으로 의결한다.

⑤ 제1항부터 제4항까지에서 규정한 사항 외에 수중심의위원회의 구성 및 운영 등에 필요한 사항은 문화재청장이 정한다.

[본조신설 2020. 12. 1.]

제11조(국가지정문화재의 지정기준 및 절차)

① 법 제23조에 따른 국보와 보물, 법 제25조에 따른 사적, 명승 또는 천연기념물 및 법 제26조에 따른 국가민속문화재의 지정기준은 별표 1의2와 같다.

〈개정 2015. 10. 6., 2017. 6. 13., 2020. 5. 26.〉

② 문화재청장은 제1항에 따라 해당 문화재를 국가지정문화재로 지정하려면 문화재위원회의 해당 분야 문화재위원이나 전문위원 등 관계 전문가 3명 이상에게 해당 문화재에 대한 조사를 요청하여야 한다. 〈개정 2014. 12. 23.〉

③ 제2항에 따라 조사 요청을 받은 사람은 조사를 한 후 조사보고서를 작성하여 문화재청장에게 제출하여야 한다.

④ 문화재청장은 제3항에 따른 조사보고서를 검토하여 해당 문화재가 국가지정문화재로 지정될 만한 가치가 있다고 판단되면 문화재위원회의 심의 전에 그 심의할 내용을 관보에 30일 이상 예고하여야 한다.

⑤ 문화재청장은 제4항에 따른 예고가 끝난 날부터 6개월 안에 문화재위원회의 심의를 거쳐 국가지정문화재 지정 여부를 결정하여야 한다.

⑥ 문화재청장은 이해관계자의 이의제기 등 부득이한 사유로 6개월 안에 제5항에 따라 지정 여부를 결정하지 못한 경우에 그 지정 여부를 다시 결정할 필요가 있으면 제4항에 따른 예고 및 제5항에 따른 지정 절차를 다시 거쳐야 한다.

제12조 삭제 〈2015. 10. 6.〉

제13조(보호물 또는 보호구역의 지정기준)

① 법 제27조제1항에 따른 국보, 보물, 사적, 명승, 천연기념물 및 국가민속문화재의 보호물 또는 보호구역의 지정기준은 별표 2와 같다. 〈개정 2017. 6. 13.〉

② 문화재청장은 자연적 조건, 인위적 조건, 그 밖의 특수한 사정이 있어 특히 필요하다고 인정하면 제1항에 따른 보호물 또는 보호구역의 지정기준을 확대하거나 축소할 수 있다.

③ 제1항에 따른 국보, 보물, 사적, 명승, 천연기념물 및 국가민속문화재의 보호물 또는 보호구역의 지정에 관하여는 제11조제2항부터 제5항까지의 규정을 준용한다.   〈개정 2017. 6. 13.〉

제14조(보호물 또는 보호구역의 적정성 검토)

① 문화재청장은 법 제27조제3항에 따라 보호물 또는 보호구역 지정 및 조정의 적정성(이하 "보호구역등의 적정성"이라 한다)을 검토하기 위하여 시·도지사에게 다음 각 호에 해당하는 자료의 제출을 요청할 수 있다. 이 경우 관련 자료의 제출을 요청 받은 시·도지사는 특별한 사유가 없으면 요청을 받은 날부터 30일 이내에 요청받은 자료를 문화재청장에게 제출하여야 한다.

1. 보호구역등의 적정성에 관한 해당 지정문화재의 소유자, 관리자, 관리단체와 해당 보호물·보호구역의 토지 또는 건물 소유자의 의견

2. 보호물 또는 보호구역의 역사문화환경에 관한 자료

3. 그 밖에 보호구역등의 적정성 검토에 필요한 자료

② 문화재청장은 법 제27조제3항에 따라 보호구역등의 적정성 검토를 하는 경우에는 문화재위원회 위원이나 전문위원 등 관계 전문가 3명 이상에게 해당 보호구역등의 적정성에 관한 의견을 들어야 한다.

③ 문화재청장은 보호구역등의 적정성 검토 결과에 따라 해당 보호물 또는 보호구역을 조정할 필요가 있다고 판단되면 그 내용을 관보에 30일 이상 예고하여야 한다.

④ 문화재청장은 제3항에 따른 예고가 끝난 날부터 6개월 안에 문화재위원회의 심의를 거쳐 해당 보호물 또는 보호구역의 조정 여부를 결정하여야 한다.

⑤ 문화재청장은 이해관계자의 이의제기 등 부득이한 사유로 6개월 안에 제4항에 따라 조정 여부를 결정하지 못한 경우에 그 조정 여부를 다시 결정할 필요가 있으면 제3항에 따른 예고 및 제4항에 따른 조정 절차를 다시 거쳐야 한다.

⑥ 문화재청장은 제4항에 따라 보호물 또는 보호구역의 조정을 결정한 경우 그 취지를 관보에 고시하고, 그 내용을 지체 없이 해당 지정문화재의 소유자, 관리자 또는 관리단체와 해당 보호물·보호구역의 토지 또는 건물 소유자에게 알려야 한다.

제15조(보호물 또는 보호구역의 적정성 검토시기의 연기)

법 제27조제3항 단서 및 제70조의2제3항 단서에 따라 보호구역등의 적정성 검토시기를 연기할 수 있는 경우 및 그 기간은 각각 다음 각 호와 같다.   〈개정 2020. 5. 26.〉

1. 전쟁 또는 천재지변 등 부득이한 사유로 보호구역등의 적정성 검토가 불가능한 경우: 그

불가능한 사유가 없어진 날부터 1년까지

2. 법 제27조제3항 및 제70조의2제3항에 따라 보호구역등의 적정성 검토시기가 도래한 문화재나 그 보호물·보호구역과 관련하여 소송이 진행 중인 경우: 그 소송이 끝난 날부터 1년까지

제16조(지정 및 해제 등의 고시)

문화재청장은 법 제28조 및 제31조제5항에 따라 국가지정문화재를 지정하거나 그 지정을 해제하는 경우에는 다음 각 호의 사항을 고시하여야 한다. 〈개정 2015. 10. 6.〉

1. 국가지정문화재의 종류, 지정번호, 명칭, 수량, 소재지 또는 보관 장소

2. 국가지정문화재의 보호물 또는 보호구역의 명칭, 수량 및 소재지

3. 국가지정문화재와 그 보호물 또는 보호구역의 소유자 또는 점유자의 성명과 주소

4. 삭제 〈2015. 10. 6.〉

5. 지정의 이유 또는 지정 해제의 이유

[제목개정 2015. 10. 6.]

제17조(지정에 관한 자료의 제출)

시·도지사는 법 제23조 및 제25조부터 제27조까지의 규정에 따라 지정하여야 할 문화재가 있으면 지체 없이 문화체육관광부령으로 정하는 바에 따라 사진, 도면 및 녹음물 등 지정에 필요한 자료를 갖추어 그 취지를 문화재청장에게 보고하여야 한다. 〈개정 2015. 10. 6.〉

제18조 삭제 〈2015. 10. 6.〉

제19조(임시지정)

문화재청장은 법 제32조제1항에 따라 중요문화재로 임시지정을 하는 경우에는 법 제23조에 따른 국보와 보물, 법 제25조에 따른 사적, 명승 또는 천연기념물, 법 제26조에 따른 국가민속문화재로 구분하여 지정하여야 한다. 〈개정 2017. 6. 13., 2020. 5. 26.〉

[제목개정 2020. 5. 26.]

제20조(문화재별 종합정비계획의 수립)

① 법 제34조에 따라 국가지정문화재를 관리하도록 지정된 관리단체는 해당 국가지정문화재의 효율적인 보존·관리 및 활용을 위하여 문화재청장과 협의하여 문화재별 종합정비계획(이

하 이 조에서 "정비계획"이라 한다)을 수립할 수 있다.

② 제1항에 따라 수립하는 정비계획은 문화재의 원형을 보존하는 데 중점을 두어야 하며, 다음 각 호의 사항을 포함하여야 한다.

  1. 정비계획의 목적과 범위에 관한 사항

  2. 문화재의 역사문화환경에 관한 사항

  3. 문화재에 관한 고증 및 학술조사에 관한 사항

  4. 문화재의 보수·복원 등 보존·관리 및 활용에 관한 사항

  5. 문화재의 관리·운영 인력 및 투자 재원(財源)의 확보에 관한 사항

  6. 그 밖에 문화재의 정비에 필요한 사항

③ 문화재청장은 제1항에 따른 정비계획의 수립절차, 방법 및 내용과 그 시행 등에 관하여 문화재의 종류별 또는 유형별로 필요한 사항을 정할 수 있다.

제21조(허가절차)

① 법 제35조에 따라 문화재청장의 허가를 받으려는 자는 해당 국가지정문화재의 종류, 지정번호, 명칭, 수량 및 소재지 등을 적은 허가신청서를 관할 특별자치시장, 특별자치도지사, 시장·군수·구청장(자치구의 구청장을 말한다. 이하 같다)을 거쳐 문화재청장에게 제출하여야 하며, 허가사항을 변경하려는 경우에도 또한 같다. 이 경우 시장·군수·구청장은 관할 시·도지사에게 허가신청 사항 등을 알려야 한다.   〈개정 2014. 12. 23., 2015. 10. 6.〉

② 제1항 전단에도 불구하고 다음 각 호의 어느 하나에 해당하는 행위에 대한 허가 신청 또는 허가사항의 변경신청을 하는 경우에는 특별자치시장, 특별자치도지사, 시장·군수·구청장을 거치지 아니하고 문화재청장에게 직접 신청서를 제출하여야 한다.   〈신설 2015. 10. 6.〉

  1. 법 제35조제1항제3호에 해당하는 행위

  2. 국유인 문화재로서 국가가 직접 관리하는 국가지정문화재(동산에 속하는 문화재로 한정한다)의 현상변경 행위

  3. 문화재청장이 직접 관리하고 있는 국가지정문화재 안에서 이루어지는 현상변경 행위

제21조의2(국가지정문화재 등의 현상변경 등의 행위)

① 법 제35조제1항제1호에서 "대통령령으로 정하는 행위"란 다음 각 호의 행위를 말한다.

〈개정 2018. 2. 27., 2018. 5. 28., 2019. 7. 2.〉

  1. 국가지정문화재, 보호물 또는 보호구역을 수리, 정비, 복구, 보존처리 또는 철거하는 행위

  2. 국가지정문화재(천연기념물 중 죽은 것과 법 제41조제1항에 따라 수입·반입 신고된 것

을 포함한다)에 대한 다음 각 목의 행위

　가. 포획(捕獲) · 채취 · 사육 · 도살(屠殺)하는 행위

　나. 인공으로 증식 · 복제하는 행위

　다. 자연에 방사하는 행위(구조 · 치료 후 방사하는 경우를 제외한다)

　라. 위치추적기를 부착하는 행위

　마. 혈액, 장기 및 피부 등을 채취하는 행위(치료하기 위한 경우를 제외한다)

　바. 표본(標本) · 박제(剝製)하는 행위

　사. 매장 · 소각(燒却)하는 행위

3. 국가지정문화재, 보호물 또는 보호구역 안에서 하는 다음 각 목의 행위

　가. 건축물 또는 도로 · 관로 · 전선 · 공작물 · 지하구조물 등 각종 시설물을 신축, 증축, 개축, 이축(移築) 또는 용도변경(지목변경의 경우는 제외한다)하는 행위

　나. 수목을 심거나 제거하는 행위

　다. 토지 및 수면의 매립 · 간척 · 땅파기 · 구멍뚫기, 땅깎기, 흙쌓기 등 지형이나 지질의 변경을 가져오는 행위

　라. 수로, 수질 및 수량에 변경을 가져오는 행위

　마. 소음 · 진동 · 악취 등을 유발하거나 대기오염물질 · 화학물질 · 먼지 · 빛 또는 열 등을 방출하는 행위

　바. 오수(汚水) · 분뇨 · 폐수 등을 살포, 배출, 투기하는 행위

　사. 동물을 사육하거나 번식하는 등의 행위

　아. 토석, 골재 및 광물과 그 부산물 또는 가공물을 채취, 반입, 반출, 제거하는 행위

　자. 광고물 등을 설치, 부착하거나 각종 물건을 쌓는 행위

② 법 제35조제1항제2호에서 "대통령령으로 정하는 행위"란 다음 각 호의 행위를 말한다.

〈개정 2018. 2. 27., 2019. 7. 2.〉

1. 역사문화환경 보존지역에서 하는 다음 각 목의 행위

　가. 해당 국가지정문화재의 경관을 저해할 우려가 있는 건축물 또는 시설물을 설치 · 증설하는 행위

　나. 해당 국가지정문화재의 경관을 저해할 우려가 있는 수목을 심거나 제거하는 행위

　다. 해당 국가지정문화재의 보존에 영향을 줄 수 있는 소음 · 진동 · 악취 등을 유발하거나 대기오염물질 · 화학물질 · 먼지 · 빛 또는 열 등을 방출하는 행위

　라. 해당 국가지정문화재의 보존에 영향을 줄 수 있는 지하 50미터 이상의 땅파기 행위

　마. 해당 국가지정문화재의 보존에 영향을 미칠 수 있는 토지 · 임야의 형질을 변경하는 행위

2. 국가지정문화재가 소재하는 지역의 수로의 수질과 수량에 영향을 줄 수 있는 수계에서 하는 건설공사 등의 행위

3. 국가지정문화재와 연결된 유적지를 훼손함으로써 국가지정문화재 보존에 영향을 미칠 우려가 있는 행위

4. 천연기념물이 서식·번식하는 지역에서 천연기념물의 둥지나 알에 표시를 하거나, 그 둥지나 알을 채취하거나 손상시키는 행위

5. 그 밖에 국가지정문화재 외곽 경계의 외부 지역에서 하는 행위로서 문화재청장 또는 해당 지방자치단체의 장이 국가지정문화재의 역사적·예술적·학술적·경관적 가치에 영향을 미칠 우려가 있다고 인정하여 고시하는 행위

[본조신설 2014. 12. 23.]

제21조의3(특별자치시장 등의 허가 대상 행위)

법 제35조제1항 단서에 따라 특별자치시장, 특별자치도지사, 시장·군수·구청장의 허가(변경 허가를 포함한다. 이하 이 조에서 같다)를 받아야 하는 행위는 다음 각 호와 같다.

〈개정 2017. 1. 26., 2018. 2. 27., 2018. 5. 28., 2019. 7. 2.〉

1. 법 제35조제1항제1호 및 이 영 제21조의2제1항의 행위 중 문화재청장이 고시하는 천연기념물을 사육, 표본, 박제하거나, 죽은 것을 매장 또는 소각하는 등의 행위

2. 법 제35조제1항제1호 및 이 영 제21조의2제1항의 행위 중 문화재청장이 문화재의 특성을 고려하여 고시하는 건축물 또는 시설물의 설치행위

3. 법 제35조제1항제1호 및 이 영 제21조의2제1항의 행위 중 다음 각 목의 어느 하나에 해당하는 행위. 다만, 해당 국가지정문화재를 대상으로 하는 행위는 제외한다.

가. 건조물을 원형대로 보수하는 행위

나. 전통양식에 따라 축조된 담장을 원형대로 보수하는 행위

다. 문화재청장이 정하는 규모의 신축, 개축(改築) 또는 증축 행위

라. 「전기사업법」에 따른 전기설비 및 「화재예방, 소방시설 설치·유지 및 안전관리에 관한 법률」에 따른 소방시설을 설치하는 행위

마. 표지돌, 안내판 및 경고판을 설치하는 행위

바. 보호 울타리를 설치하는 행위

사. 수목의 가지 고르기, 병충해 방제, 거름 주기 등 수목에 대한 일반적 보호·관리

아. 학술·연구 목적이나 보존을 위한 종자 및 묘목을 채취하는 행위

4. 법 제35조제1항제2호 및 이 영 제21조의2제2항의 행위 중 문화재청장이 경미한 행위로 정

하여 고시하는 행위

5. 법 제35조제1항제3호의 행위 중 국가지정문화재(법 제48조제2항에 따라 공개가 제한되는 국가지정문화재는 제외한다)의 촬영행위

6. 법 제35조제1항제4호의 행위 중 문화재청장이 경미한 행위로 정하여 고시하는 행위

[본조신설 2014. 12. 23.]

제21조의4(현상변경 등 허가를 위한 조사 시 관계 전문가의 범위)

법 제36조제2항에 따라 문화재의 현상변경 등의 허가를 위하여 필요한 조사를 하게 할 수 있는 관계 전문가는 다음 각 호의 어느 하나에 해당하는 사람으로 한다.

1. 문화재위원회의 위원 또는 전문위원

2. 법 제71조에 따른 시 · 도문화재위원회의 위원 또는 전문위원

3. 「고등교육법」 제2조에 따른 학교의 문화재 관련 학과의 조교수 이상인 교원

4. 문화재 업무를 담당하는 학예연구관, 학예연구사 또는 나군 이상의 전문경력관

5. 「고등교육법」 제2조에 따른 학교의 건축, 토목, 환경, 도시계획, 소음, 진동, 대기오염, 화학물질, 먼지 또는 열에 관련된 분야의 학과의 조교수 이상인 교원

6. 제5호에 따른 분야의 학회로부터 추천을 받은 사람

7. 그 밖에 문화재 관련 분야에서 5년 이상 종사한 사람으로서 문화재에 관한 지식과 경험이 풍부하다고 문화재청장이 인정한 사람

[본조신설 2014. 12. 23.]

제22조(허가서)

문화재청장은 법 제36조에 따라 허가하는 경우에는 신청인의 성명, 대상 문화재, 허가사항, 허가기간 및 허가조건 등을 적은 허가서를 관할 특별자치시장, 특별자치도지사, 시장 · 군수 · 구청장을 거쳐 신청인에게 내주어야 한다. 이 경우 문화재청장은 관할 시 · 도지사(특별자치시장과 특별자치도지사는 제외한다)에게 허가사항 등을 알려야 한다. 다만, 법 제35조제1항제3호에 해당하는 행위에 대한 허가 및 문화재청장이 직접 관리하고 있는 국가지정문화재 안에서 이루어지는 현상변경 행위에 대한 허가를 하는 경우에는 특별자치시장, 특별자치도지사, 시장 · 군수 · 구청장을 거치지 아니하거나 관할 시 · 도지사에게 허가사항 등을 알리지 아니하여도 된다.

〈개정 2014. 12. 23.〉

제23조(관리자 선임 등의 신고)

① 국가지정문화재에 관하여 법 제40조제1항 본문 및 같은 조 제3항 본문에 따라 신고하려는 자는 해당 국가지정문화재의 종류, 지정번호, 명칭, 수량 및 소재지 등을 적은 관리자 선임 등의 신고서를 그 사유가 발생한 날부터 15일 이내에 관할 시장ㆍ군수ㆍ구청장 및 시ㆍ도지사를 거쳐 문화재청장에게 제출하여야 한다. 다만, 법 제40조제1항제9호의 경우에는 그 지정일부터 3개월 이내에 신고서를 제출하면 된다. 〈개정 2014. 12. 23.〉

② 국가지정문화재에 관하여 법 제40조제1항 단서 및 같은 조 제3항 단서에 따라 신고하려는 자는 해당 국가지정문화재의 종류, 지정번호, 명칭, 수량 및 소재지 등을 적은 신고서를 그 사유가 발생한 날부터 15일 이내에 특별자치시장, 특별자치도지사, 시장ㆍ군수ㆍ구청장에게 제출하여야 한다. 〈신설 2014. 12. 23.〉

제24조(천연기념물의 보존 및 생존을 위한 조치 등의 신고)

법 제40조제1항제9호의3에서 "질병 등 기타 위험의 방지, 보존 및 생존을 위하여 필요한 조치 등 대통령령으로 정하는 행위"란 다음 각 호의 행위를 말한다.

1. 「가축전염병 예방법」 제2조제2호의 가축전염병으로 인한 사체의 긴급 매장ㆍ소각

2. 천연기념물과 항공기 간의 충돌 등으로 인한 사고예방을 위한 포획 등의 긴급 조치 및 사후처리

[본조신설 2018. 5. 28.]

제25조(동물의 수입ㆍ반입 신고)

법 제41조제1항에 따라 천연기념물로 지정된 동물의 종(種)[아종(亞種)을 포함한다]을 국외로부터 수입ㆍ반입한 자는 해당 동물의 수입ㆍ반입 후 30일 이내에 문화체육관광부령으로 정하는 신고서(전자문서로 된 신고서를 포함한다)에 다음 각 호의 서류(전자문서를 포함한다)를 첨부하여 문화재청장에게 제출하여야 한다.

1. 수입ㆍ반입의 경위를 확인할 수 있는 서류

2. 원산지 증명서

3. 해당 동물의 사진

[본조신설 2018. 5. 28.]

제26조 삭제 〈2015. 10. 6.〉

제27조 삭제 〈2015. 10. 6.〉

제28조(정기조사 등의 위탁)

문화재청장은 법 제44조제6항에 따라 국가지정문화재의 정기조사와 재조사를 다음 각 호의 어느 하나에 해당하는 기관 또는 단체에 위탁할 수 있다.

1. 문화재 관련 조사, 연구, 교육, 수리 또는 학술 활동을 목적으로 설립된 법인 또는 단체
2. 「박물관 및 미술관 진흥법」 제10조 및 제12조부터 제14조까지의 규정에 따른 박물관 또는 미술관
3. 「고등교육법」 제2조에 따른 학교의 문화재 관련 부설 연구기관 또는 산학협력단

제29조(손실 보상의 신청)

법 제46조에 따라 손실을 보상받으려는 자는 국가지정문화재의 종류, 지정번호, 명칭, 수량, 소재지 또는 보관 장소와 그 사유를 적은 신청서에 증명서류를 첨부하여 문화재청장에게 신청하여야 한다.

제30조 삭제 〈2015. 10. 6.〉

제31조 삭제 〈2015. 10. 6.〉

제32조 삭제 〈2015. 10. 6.〉

제33조(국가등록문화재의 관리자 선임 등 신고)

국가등록문화재의 소유자나 관리자 또는 법 제54조제2항에 따라 지정을 받은 자는 법 제55조 각 호의 어느 하나에 해당하는 사유가 발생하면 그 사유가 발생한 날부터 15일 이내에 그 사실을 시장·군수·구청장 및 시·도지사를 거쳐 문화재청장에게 신고하여야 한다. 〈개정 2019. 12. 31.〉

[제목개정 2019. 12. 31.]

제33조의2(국가등록문화재의 현상변경 신고 대상 행위)

법 제56조제1항제1호에서 "대통령령으로 정하는 행위"란 국가등록문화재(동산에 속하는 문화재는 제외한다. 이하 이 조에서 같다)의 외관을 변경하는 행위로서 다음 각 호의 어느 하나에 해당하는 행위를 말한다. 다만, 국가등록문화재의 파손을 예방하거나 파손의 확대를 방지하기 위한 임

시 조치는 제외한다. 〈개정 2016. 12. 30., 2019. 12. 31.〉

1. 해당 문화재가 건축물인 경우 외관(지붕부를 포함한다) 면적의 4분의 1 이상에 이르는 디자인, 색채, 재질 또는 재료 등을 변경하는 행위
2. 해당 문화재가 건축물 외의 시설물인 경우에는 해당 시설물의 디자인, 색채, 재질 또는 재료 등을 다음 각 목에 따른 면적의 4분의 1 이상 변경하는 행위
   가. 교량·등대 등 구조물인 경우에는 그 외관 면적
   나. 터널·동굴 등 그 외관이 드러나지 아니하는 시설물인 경우에는 내부의 표면적
   다. 그 밖의 경우에는 법 제53조제1항에 따라 국가등록문화재로 등록할 때 등록된 면적

[본조신설 2014. 12. 23.]
[제목개정 2019. 12. 31.]

제34조(국가등록문화재의 현상변경 허가 기준 및 절차)

① 법 제56조제2항에 따라 현상변경의 허가를 받거나 허가사항을 변경하려는 자는 해당 국가등록문화재의 등록번호, 명칭, 수량 및 소재지를 적은 허가신청서를 관할 특별자치시장, 특별자치도지사, 시장·군수·구청장을 거쳐 문화재청장에게 제출하여야 한다. 이 경우 시장·군수·구청장은 관할 시·도지사에게 허가신청 사항 등을 알려야 한다.

〈개정 2014. 12. 23., 2019. 12. 31.〉

② 문화재청장은 제1항에 따른 허가신청을 받으면 그 허가신청 대상 행위가 국가등록문화재의 기본적인 양식, 구조 및 특성에 영향을 미치지 아니한 경우에만 허가하여야 한다.

〈개정 2019. 12. 31.〉

③ 문화재청장은 제2항에 따라 허가하려면 신청인의 성명, 대상 문화재, 허가사항, 허가기간 및 허가조건 등을 적은 허가서(변경허가서를 포함한다)를 관할 특별자치시장, 특별자치도지사, 시장·군수·구청장을 거쳐 신청인에게 내주어야 한다. 이 경우 문화재청장은 관할 시·도지사(특별자치시장과 특별자치도지사는 제외한다)에게 허가사항 등을 알려야 한다.

〈개정 2014. 12. 23.〉

[제목개정 2019. 12. 31.]

제35조(국가등록문화재의 건폐율과 용적률 등)

① 법 제57조에 따른 국가등록문화재의 용도지역별 건폐율 및 용적률은 해당 국가등록문화재의 구조, 특성 및 주변 경관을 고려하여 「국토의 계획 및 이용에 관한 법률 시행령」 제84조 및 제85조에 따른 용도지역에서의 건폐율 및 용적률의 150퍼센트 안에서 정하되, 그 세부적

인 비율은 관할 지방자치단체의 조례로 정한다. 〈개정 2019. 12. 31.〉

② 지방자치단체의 장은 제1항에 따른 건폐율 및 용적률의 특례를 적용하여 건축허가를 한 경우에는 허가한 날부터 15일 안에 해당 허가 내용을 문화재청장에게 통보하여야 한다.

[제목개정 2019. 12. 31.]

제36조(일반동산문화재의 범위)

법 제60조제1항에 따른 일반동산문화재의 범위는 다음 각 호의 분야에 해당하는 동산 중 별표 3의 기준을 충족하는 것으로 한다.

1. 회화류, 조각류, 공예류, 서예류, 석조류 등 미술 분야

2. 서책(書冊)류, 문서류, 서각(書刻: 글과 그림을 새겨 넣는 것)류 등 전적(典籍) 분야

3. 고고자료, 민속자료, 과학기술자료 등 생활기술 분야

4. 동물류, 식물류, 지질류 등 자연사 분야

[전문개정 2019. 12. 31.]

제37조(일반동산문화재의 확인 등)

① 문화재청장은 법 제60조제5항에 따른 확인을 하려면 법 제60조의2제1항에 따라 배치된 문화재감정위원의 감정을 받아야 한다. 〈개정 2015. 10. 6.〉

② 법 제60조의2제1항에 따라 배치되는 문화재감정위원은 다음 각 호의 어느 하나에 해당하는 사람이어야 한다. 〈신설 2015. 10. 6.〉

1. 문화재위원회의 위원 또는 전문위원

2. 문화재청, 국립중앙박물관, 특별시·광역시·특별자치시·도 또는 특별자치도 소속 공무원으로서 동산문화재 관계 분야의 학예연구관 또는 가군 전문경력관

3. 동산문화재 관계 분야의 학사 이상 학위 소지자로서 해당 문화재 분야에 종사한 경력이 2년 이상인 사람

4. 대학의 동산문화재 또는 천연기념물 관계 분야 학과의 조교수 이상인 사람 또는 그 학과에서 2년 이상 강의를 담당한 경력이 있는 사람

5. 동산문화재 관계 분야의 저서가 있거나 3편 이상의 논문을 발표한 사람

6. 동산문화재 관계 분야에서 5급 이상의 국가공무원 또는 지방공무원으로 3년 이상 계속 근무한 경력이 있는 사람

7. 동산문화재 관계 분야에서 5년 이상 계속 근무한 경력이 있는 사람

③ 문화재청장은 법 제60조의2제1항에 따라 문화재감정위원을 다음 각 호의 장소에 배치할 수

있다. 〈신설 2015. 10. 6., 2017. 3. 29.〉

1. 「공항시설법」 제2조제3호의 공항

2. 「항만법」 제2조제2호의 무역항

3. 「관세법」 제256조제2항의 통관우체국

4. 「통일부와 그 소속기관 직제」 제30조의4의 남북출입사무소

④ 제1항에 따른 감정의 절차 및 요령에 관하여 필요한 사항은 문화체육관광부령으로 정한다.

〈개정 2015. 10. 6.〉

[제목개정 2015. 10. 6.]

제38조(일반동산문화재의 보존 · 관리 방안)

① 법 제61조제2항에 따른 문화재에 관한 보존 · 관리 방안은 다음 각 호의 사항을 포함하여야 한다.

1. 일반동산문화재의 현황

2. 일반동산문화재의 보관 경위 및 관리 · 수리 이력

3. 보존 · 관리의 개선이 필요한 문화재와 그 조치 방안(조치할 내용, 추진 일정 및 방법 등을 포함한다)

4. 일반동산문화재의 보존처리계획 및 학술연구 등 활용계획

② 법 제61조제3항에 따라 문화재청장의 요청을 받은 국가기관 또는 지방자치단체의 장은 요청 받은 날부터 30일 이내에 문화재청장에게 해당 문화재에 관한 보존 · 관리 방안을 보고하여야 한다.

제38조의2 삭제 〈2016. 6. 28.〉

제39조 삭제 〈2016. 12. 30.〉

제40조(보고)

시 · 도지사는 법 제73조제1항 각 호의 어느 하나에 해당하는 사유가 발생하면 그 날부터 15일 이내에 문화재청장에게 보고하여야 한다.

제41조(문화재매매업의 허가)

① 법 제75조제1항에 따라 문화재매매업 허가를 받아야 하는 자는 동산에 속하는 유형문화재나

유형의 민속문화재로서 제작된 지 50년 이상된 것에 대하여 매매 또는 교환하는 것을 업(業)으로 하려는 자(위탁을 받아 매매 또는 교환하는 것을 업으로 하려는 자를 포함한다)로 한다.

② 법 제75조제1항에 따라 문화재매매업 허가를 받으려는 자는 문화체육관광부령으로 정하는 바에 따라 허가신청서를 특별자치시장, 특별자치도지사, 시장·군수·구청장에게 제출하여야 한다. 〈개정 2014. 12. 23.〉

③ 법 제75조제2항에 따라 문화재매매업자는 문화체육관광부령으로 정하는 바에 따라 매년 제1항에 따른 문화재의 보존 상황, 매매 또는 교환 현황을 기록한 서류를 첨부하여 다음 해 1월 31일까지 특별자치시장, 특별자치도지사, 시장·군수·구청장에게 그 실태를 신고하여야 한다. 〈개정 2014. 12. 23.〉

④ 제3항에 따라 실태를 신고받은 특별자치시장, 특별자치도지사, 시장·군수·구청장은 이를 시·도지사(특별자치시장과 특별자치도지사는 제외한다)를 거쳐 다음 해 2월 말일까지 문화재청장에게 보고하여야 한다. 〈개정 2014. 12. 23.〉

제42조(권한의 위임)

① 문화재청장은 법 제82조에 따라 궁능유적본부장의 소관 문화재에 관한 다음 각 호의 권한을 궁능유적본부장에게 위임한다.

1. 법 제35조(법 제47조에 따라 준용되는 경우를 포함한다)에 따른 허가 또는 변경허가

2. 법 제37조(법 제47조에 따라 준용되는 경우를 포함한다)에 따른 허가 취소

3. 법 제39조(법 제47조에 따라 준용되는 경우를 포함한다)에 따른 국외 반출 허가

4. 법 제40조(법 제47조에 따라 준용되는 경우를 포함한다)에 따른 신고의 수리

5. 법 제42조(법 제47조에 따라 준용되는 경우를 포함한다)에 따른 행정명령

6. 법 제48조에 따른 국가지정문화재의 공개 및 공개 제한

7. 법 제49조(법 제59조제2항에 따라 준용되는 경우를 포함한다)에 따른 관람료의 징수 및 감면

8. 법 제55조제7호에 따른 신고의 접수

9. 법 제56조제2항에 따른 허가 또는 변경허가

10. 법 제88조제3호에 따른 청문

11. 법 제103조에 따른 과태료의 부과·징수(위임받은 권한을 처리하기 위하여 필요한 경우만 해당한다)

② 문화재청장은 법 제82조에 따라 다음 각 호의 권한을 시·도지사에게 위임한다.

1. 법 제87조제1항제3호에 따른 허가 또는 변경허가를 위한 협의

2. 제47조제2항에 따른 통지

[전문개정 2020. 5. 26.]

제42조의2(원상 복구 비용의 청구)

① 문화재청장 또는 지방자치단체의 장은 법 제82조의3제3항에 따라 원상 복구 비용을 청구하는 경우 같은 조 제1항의 행위를 한 사람에게 납부금액, 납부기한, 납부장소 등을 적은 납부고지서를 보내야 한다. 이 경우 납부고지서를 보낸 날부터 60일 이내의 납부기한을 정해야 한다.

② 제1항에 따른 납부금액은 문화재청장 또는 지방자치단체의 장이 훼손된 문화재를 원상 복구하는 데 드는 비용으로 한다.

[본조신설 2020. 12. 1.]

제43조(수사기관의 범위)

① 법 제86조에 따른 수사기관은 다음 각 호의 기관을 말한다.

1. 검사
2. 「형사소송법」 제196조에 따른 사법경찰관리
3. 「검찰청법」 제47조에 따라 사법경찰관리의 직무를 수행하는 사람
4. 「사법경찰관리의 직무를 수행할 자와 그 직무범위에 관한 법률」 제5조제14호에 따른 국가공무원 또는 지방공무원
5. 「관세법」 제295조에 따른 세관공무원

② 제1항 각 호의 어느 하나에 해당하는 사람은 법 제86조제1항에 따른 제보자가 될 수 없다.

제44조(제보의 처리)

법 제86조에 따라 제보를 받은 수사기관은 문화체육관광부령으로 정하는 바에 따라 제보 조서를 작성하여 문화재청장에게 제출하여야 한다.

제45조(포상금의 지급)

① 법 제86조에 따른 포상금 지급기준은 다음 표와 같다. 〈개정 2015. 10. 6.〉

② 제1항에 따른 포상금의 지급등급기준은 문화체육관광부령으로 정한다.

제46조(포상금의 배분)

제45조에 따라 포상금을 지급하는 경우에 제보자가 2명 이상이거나 범인 체포에 공로가 있는 사람이 2명 이상인 경우에는 그 공로의 비중을 고려하여 문화재청장이 그 배분액을 결정한다. 다만, 포상금을 받을 사람이 배분액에 관하여 상호간에 미리 합의한 경우에는 그 합의된 금액 또는 비율에 따라 배분할 수 있다.

[전문개정 2015. 10. 6.]

제47조(자연공원구역 안에서의 사적의 지정 등)

① 법 제87조제1항 및 제2항에 따라 해당 공원관리청과 협의하여야 할 경우는 다음과 같다.

〈개정 2014. 12. 23.〉

1. 법 제87조제1항제1호 및 제2호의 경우: 「자연공원법」에 따른 공원구역에서 면적 3만 제곱미터 이상의 지역 또는 구역을 지정하는 경우
2. 법 제87조제1항제3호 및 같은 조 제2항의 경우: 「자연공원법」에 따른 공원구역에서 법 제35조제1항에 따라 허가나 변경허가를 하는 경우[「자연공원법」 제23조제1항 각 호의 경우로 한정하되, 국가지정문화재, 시ㆍ도지정문화재, 문화재자료 또는 그 보호물의 증축, 개축, 재축(再築), 이축과 외부를 도색하는 행위는 제외한다]

② 문화재청장은 「자연공원법」에 따른 공원구역 안에서 법 제87조제1항제1호 및 제2호에 해당하는 행위를 하는 경우로서 3만 제곱미터 미만의 지역 또는 구역을 지정하는 경우에는 해당 공원관리청에 그 내용을 알려야 한다.

제47조의2(고유식별정보의 처리)

특별자치시장, 특별자치도지사, 시장ㆍ군수ㆍ구청장은 다음 각 호의 사무를 수행하기 위하여 불가피한 경우 「개인정보 보호법 시행령」 제19조제1호 또는 제4호에 따른 주민등록번호 또는 외국인등록번호가 포함된 자료를 처리할 수 있다.

1. 법 제75조에 따른 문화재매매업의 허가, 신고 또는 변경신고에 관한 사무
2. 법 제75조의2제2항에 따른 문화재매매업의 승계 신고에 관한 사무
3. 법 제78조제2항에 따른 매매ㆍ교환 등에 관한 장부의 검인에 관한 사무
4. 법 제80조에 따른 문화재매매업의 허가 취소에 관한 사무

[본조신설 2020. 5. 26.]

제48조(과태료의 부과기준)

① 법 제103조에 따른 과태료의 부과기준은 별표 4와 같다.　　　　　　〈개정 2019. 12. 31.〉

② 문화재청장, 시·도지사 또는 시장·군수·구청장은 위반행위의 동기, 내용, 횟수 및 위반의 정도 등을 고려하여 제1항의 기준에 따른 과태료 금액의 2분의 1의 범위에서 그 금액을 가중하거나 감경할 수 있다. 다만, 가중하는 경우에도 과태료 총액은 법 제103조에 따른 과태료의 상한액을 초과할 수 없다.

부칙 〈제31380호, 2021. 1. 5.〉

(어려운 법령용어 정비를 위한 473개 법령의 일부개정에 관한 대통령령)

이 영은 공포한 날부터 시행한다.　　　　　　　　　　　　　　　　　〈단서 생략〉

문화재보호법 시행규칙

[시행 2020. 12. 10]
[문화체육관광부령 제417호, 2020. 12. 4, 일부개정]

제1조(목적)

이 규칙은 「문화재보호법」 및 「문화재보호법 시행령」에서 위임된 사항과 그 시행에 필요한 사항을 규정함을 목적으로 한다.

제2조(검토의견서)

「문화재보호법 시행령」(이하 "영"이라 한다) 제7조의2제4항에 따른 검토의견서는 별지 제1호 서식에 따른다.

[전문개정 2015. 1. 29.]

제2조의2(역사문화환경 보존지역 내 행위기준의 수립)

① 문화재청장은 「문화재보호법」(이하 "법"이라 한다) 제13조제6항에 따라 특별시장·광역시장·특별자치시장·도지사·특별자치도지사(이하 "시·도지사"라 한다) 또는 시장·군수·구청장에게, 시·도지사는 시장·군수·구청장에게 다음 각 호의 자료 또는 의견을 제출하도록 요구할 수 있다. 〈개정 2020. 5. 27.〉

1. 별표 1에 따른 역사문화환경 보존지역 현황조사 결과

2. 제1호의 조사 결과를 반영한 행위기준안 및 이를 작성한 시·도지사 또는 시장·군수·구청장의 의견

3. 제2호의 행위기준안에 대한 지역 주민 및 관리단체의 의견

4. 그 밖에 문화재청장 또는 시·도지사가 행위기준 수립에 필요하다고 인정하여 요청한 자료

② 문화재청장 또는 시·도지사는 제1항 각 호의 자료 또는 의견을 검토하기 위하여 필요한 경우 다음 각 호의 전문가에게 조사를 실시하도록 할 수 있다. 〈개정 2019. 12. 24.〉

1. 법 제8조에 따른 문화재위원회(이하 "문화재위원회"라 한다)의 위원 또는 전문위원

2. 법 제71조에 따른 시·도문화재위원회(이하 "시·도문화재위원회"라 한다)의 위원 또는 전문위원

3. 「고등교육법」 제2조에 따른 학교의 문화재 관련 학과의 조교수 이상인 교원

4. 문화재 업무를 담당하는 학예연구관, 학예연구사 또는 나군 이상의 전문경력관

5. 「고등교육법」 제2조에 따른 학교의 건축, 토목, 환경, 도시계획, 소음, 진동, 대기오염, 화학물질, 먼지 또는 열에 관련된 분야의 학과의 조교수 이상인 교원

6. 제5호에 따른 분야의 학회로부터 추천을 받은 사람

7. 그 밖에 문화재 관련 분야에서 5년 이상 종사한 사람으로서 문화재에 관한 지식과 경험이

풍부하다고 문화재청장 또는 시·도지사가 인정한 사람

③ 문화재청장 또는 시·도지사는 법 제13조제5항에 따른 행위기준의 고시일부터 10년마다 역사문화환경 보존지역의 토지이용 현황, 지형의 변화 등 해당 지역의 여건을 조사하여 필요하다고 인정되는 경우에는 행위기준을 변경하여 고시할 수 있다. 〈개정 2020. 5. 27.〉

④ 제3항에 따른 행위기준 변경에 관하여는 제1항 및 제2항을 준용한다.

[본조신설 2015. 1. 29.]

제3조(도난방지장치 설치기준)

법 제14조의3제1항에서 "문화체육관광부령으로 정하는 기준"이란 다음 각 호의 기준을 말한다. 〈개정 2018. 3. 12.〉

1. 도난방지장치를 설치할 때에는 지정문화재가 훼손되지 아니하도록 하고, 지정문화재 경관과 조화되도록 할 것

2. 도난방지장치는 모니터링, 호환성 및 유지·관리의 편리성 등을 고려하여 선택할 것

3. 도난방지장치의 설치 장소를 면밀히 분석하여 감시가 미치지 아니하는 곳이 없도록 설치할 것

4. 도난방지장치 관리자는 도난방지장치가 잘 작동되도록 관리할 것

제3조의2(금연구역 등을 알리는 표지의 설치 기준 및 방법)

법 제14조의4제2항에 따른 금연구역과 흡연구역을 알리는 표지의 설치 기준 및 방법은 별표 1의2와 같다.

[전문개정 2018. 3. 12.]

제4조(문화재 전문인력에 대한 장학금 지급)

① 문화재청장은 법 제16조제2항에 따라 문화재의 보호·관리 및 수리 등과 관련된 전문인력 양성을 위한 장학금을 지급하려는 경우에는 다음 각 호의 어느 하나에 해당하는 사람 중에서 장학금 지급 대상자를 선정하여야 한다. 〈개정 2015. 12. 23.〉

1. 문화재의 보호·관리에 관한 기능 및 기술 교육을 받고 있거나 받으려는 사람

2. 국내 또는 국외의 대학에서 문화재의 보호·관리에 관한 교육을 받고 있거나 받으려는 사람

3. 국내 또는 국외의 연구기관에서 문화재의 보호·관리에 관하여 연구하고 있거나 연구하려는 사람

② 제1항에 따른 장학금을 받으려는 사람은 별지 제2호서식의 장학금 지급 신청서에 별지 제3호서식의 서약서를 첨부하여 문화재청장에게 제출하여야 한다.

③ 장학금은 예산의 범위에서 교육비 또는 연구비에 상응하는 금액을 문화재청장이 정하여 지급한다.

제5조(성적증명서 제출 등)

① 법 제16조제3항에 따라 성적증명서 또는 연구실적보고서 제출을 명령받은 사람은 그 명령을 받은 날부터 1개월 안에 성적증명서 또는 연구실적보고서(전자문서로 된 보고서를 포함한다)를 문화재청장에게 제출하여야 한다.　　　　　　　　　　　　　　　　　　　〈개정 2019. 12. 24.〉

② 법 제16조제4항에서 "문화체육관광부령으로 정하는 사유"란 다음 각 호의 어느 하나의 사유를 말한다.

1. 전공 학과 또는 연구 분야를 변경한 경우

2. 수학 또는 연구를 중단한 경우

3. 신체적 · 정신적 장애나 그 밖의 사유로 계속적인 수학 또는 연구를 할 수 없게 된 경우

4. 본인의 성명 · 주소 등이 변경된 경우

③ 장학금을 받아 교육이나 연구를 마친 사람은 교육이나 연구를 마친 날부터 1개월 안에 교육 수료 증명서 또는 연구보고서(전자문서로 된 보고서를 포함한다)를 문화재청장에게 제출하여야 한다.　　　　　　　　　　　　　　　　　　　　　〈개정 2019. 12. 24.〉

제6조(장학금 지급의 중지 또는 반환)

① 법 제16조제5항에서 "문화체육관광부령으로 정하는 사유"란 다음 각 호의 어느 하나의 사유를 말한다.

1. 제5조제2항제1호부터 제3호까지의 사유 중 어느 하나에 해당하는 경우

2. 학업 및 연구 성적이 매우 불량한 경우

3. 정당한 사유 없이 제5조제1항에 따른 성적증명서 또는 연구실적보고서를 제출하지 아니한 경우

② 문화재청장은 제1항에 따라 장학금 지급을 중지하면 그 사유를 본인과 소속 학교장 또는 소속 기관장에게 통보하여야 하며, 장학생에게 장학금 지급 중지 사유가 소멸되면 장학금을 다시 지급할 수 있다.

③ 문화재청장은 장학금을 받은 사람이 다음 각 호의 어느 하나에 해당하면 법 제16조제5항에 따라 장학금의 반환을 명할 수 있다.

1. 정당한 사유 없이 수학 또는 연구를 중단한 경우

2. 정당한 사유 없이 전공 학과 또는 연구 분야를 변경한 경우

3. 제5조제3항에 따른 교육수료 증명서 또는 연구보고서를 제출하지 아니한 경우

④ 제3항에 따라 반환을 명령하는 금액은 이미 지급한 장학금 전액으로 한다. 다만, 지급된 장학금을 면제할 필요가 있는 경우에는 문화재청장은 그 일부 또는 전부의 반납을 면제할 수 있다.

제7조(문화재교육지원센터의 지정 신청 등)

① 법 제22조의4제1항 및 영 제10조의3제1항에 따라 문화재교육지원센터로 지정을 받으려는 자는 별지 제3호의2서식의 문화재교육지원센터 지정 신청서에 다음 각 호의 서류를 첨부하여 문화재청장에게 제출해야 한다.

1. 문화재교육지원센터 운영계획서

2. 최근 3년간의 문화재교육 실시 실적

3. 시설 및 장비 보유 현황

4. 문화재교육 전문인력 현황

② 영 제10조의3제2항에 따른 지정서는 별지 제3호의3서식에 따른다.

[본조신설 2020. 5. 27.]

제7조의2(문화재교육 프로그램의 인증 신청 절차 등)

① 법 제22조의6제2항에 따라 문화재교육 프로그램에 대한 인증을 신청하려는 자는 별지 제3호의4서식의 문화재교육 프로그램 인증신청서에 문화재교육 프로그램의 교육내용, 구성 및 교육시설 등에 관한 자료를 첨부하여 문화재청장에게 제출해야 한다.

② 법 제22조의6제3항에서 "교육내용 · 교육과목 · 교육시설 등 문화체육관광부령으로 정하는 인증기준"이란 별표 1의3과 같다.

③ 제1항에 따라 인증 신청을 받은 문화재청장은 문화재교육 프로그램을 인증한 경우에는 별지 제3호의5서식의 문화재교육 프로그램 인증서를 신청인에게 발급해야 하며, 인증을 하지 않은 때에는 그 사유를 신청인에게 통보해야 한다.

④ 법 제22조의6제3항에 따라 인증을 받은 자는 해당 문화재교육 프로그램에 별표 1의4에 따른 인증표시를 할 수 있다.

⑤ 문화재청장은 법 제22조의6제3항에 따라 문화재교육 프로그램을 인증하거나 법 제22조의7에 따라 인증을 취소한 경우에는 그 사실을 문화재청의 인터넷 홈페이지에 공고해야 한다.

⑥ 제1항부터 제5항까지에서 규정한 사항 외에 문화재교육 프로그램의 인증에 필요한 사항은 문화재청장이 정하여 고시한다.

[본조신설 2020. 5. 27.]

제7조의3(기증의 절차 등)

① 법 제22조의8제1항에 따라 지정문화재 및 등록문화재를 기증하려는 자는 해당 문화재와 별지 제3호의6서식의 기증서약서를 문화재청장에게 제출해야 한다.

② 문화재청장은 법 제22조의8제2항에 따라 문화재를 수증하기로 결정한 경우에는 해당 문화재의 명칭·수량·크기 및 사진 등을 문화재청의 인터넷 홈페이지 등에 게시해야 한다.

③ 문화재청장은 법 제22조의8제2항에 따라 수증하기로 결정한 문화재(이하 "기증품"이라 한다)에 관한 사항을 별지 제3호의7서식의 기증품 관리대장(전자문서로 된 대장을 포함한다)에 기록·관리해야 한다.

[본조신설 2020. 12. 4.]

제8조(조사보고서)

영 제11조제3항 및 제13조제3항에 따른 국가지정문화재, 보호물 및 보호구역의 지정 검토를 위한 조사보고서는 별지 제4호서식에 따른다. 이 경우 조사보고서 작성자는 건조물이 아닌 국보·보물·국가민속문화재에 대해서는 문화재별 특수성에 따라 일부 항목을 변경하여 작성할 수 있다. 〈개정 2015. 1. 29., 2016. 2. 29., 2017. 6. 30.〉

    1. 삭제 〈2016. 2. 29.〉

    2. 삭제 〈2016. 2. 29.〉

제9조(지정하여야 할 문화재 등에 대한 보고)

시·도지사는 법 제23조 및 제25조부터 제27조까지의 규정에 따라 지정하여야 할 문화재 등이 있으면 별지 제5호서식(전자문서로 된 보고서를 포함한다)에 다음 각 호의 서류를 첨부하여 그 지정이 필요한 취지를 문화재청장에게 보고하여야 한다. 이 경우 건조물이 아닌 국보·보물·국가민속문화재의 지정에 대하여는 각각의 특수성에 따라 일부 항목을 변경하여 작성할 수 있다. 〈개정 2017. 6. 30.〉

    1. 시·도지사 및 시장·군수 또는 구청장의 검토의견서

    2. 관계전문가의 조사의견 및 시·도 문화재위원회의 심의 관계자료

    3. 문화재의 연혁·특징, 지정 가치 및 근거기준에 관한 세부 설명자료

    4. 문화재 도면자료

    5. 문화재에 대한 학술·고증자료

    6. 문화재 사진자료

    7. 문화재(그 보호물 및 보호구역을 포함한다)의 위치도, 지적도, 수치도, 지형도 및 이미지파
       일 등

    8. 「문화재보호법」 제13조제1항에 따른 역사문화환경 보존지역 안에 있는 문화재의 보존
       에 영향을 미칠 우려가 있는 행위에 관한 기준

    9. 문화재 보존 정비·활용계획

    10. 해당 지역의 토지이용계획 및 개발계획 현황

    11. 해당 문화재 소유자(단체)의 취득 경위에 관한 자료

[전문개정 2016. 2. 29.]

제10조(국보 등의 지정서)

① 법 제29조제1항에 따른 국보, 보물 또는 국가민속문화재의 지정서에는 다음 각 호의 사항을 적어야 한다. 〈개정 2017. 6. 30.〉

    1. 명칭 및 수량

    2. 지정번호 및 지정 연월일

    3. 건조물인 경우에는 구조 및 형식

    4. 건조물 외의 것은 규격, 형태, 재료 및 그 밖의 특징

    5. 소재지 또는 보관 장소

    6. 소유자의 성명 및 주소

② 국보의 지정서는 별지 제6호서식에 따르고, 보물 및 국가민속문화재의 지정서는 별지 제7호서식에 따른다. 〈개정 2017. 6. 30.〉

③ 제1항 각 호의 사항을 적을 경우에는 다음 각 호에서 정하는 바에 따라 지정서 부록을 별도로 만들어 적어야 한다. 이 경우 지정서 부록은 해당 지정서의 일부분으로 보며, 부록과 지정서의 뒷면 사이에는 간인을 찍어야 한다. 〈개정 2017. 6. 30.〉

    1. 제1항제1호의 수량에 세목(細目)이 있는 경우 그 세목: 국보의 경우에는 별지 제8호서식의 지정서 부록에 적고, 보물 및 국가민속문화재의 경우에는 별지 제9호서식의 지정서 부록에 적는다.

    2. 제1항제3호 및 제4호의 사항: 국보의 경우에는 별지 제8호서식의 지정서 부록에 적고, 보물 및 국가민속문화재의 경우에는 별지 제9호서식의 지정서 부록에 적는다.

④ 제1항에 따른 지정서를 멸실하거나 훼손하였을 때에는 해당 문화재의 소유자는 별지 제10호 서식의 재발급 신청서를 문화재청장에게 제출하여 지정서를 다시 발급받아야 한다.

⑤ 문화재청장은 국보, 보물 및 국가민속문화재의 지정서를 발급하거나 재발급하면 별지 제11호서식의 국가지정문화재의 종류별 지정서 발급대장에 그 내용을 적어야 한다.

〈개정 2017. 6. 30.〉

⑥ 제5항의 발급대장은 전자적으로 처리할 수 없는 특별한 사유가 있는 경우를 제외하고는 전자적 방법으로 작성하여야 한다.

제11조 삭제 〈2016. 2. 29.〉

제12조(국가지정문화재의 지정 해제 등의 절차)

① 문화재청장은 다음 각 호의 어느 하나에 해당하는 지정 해제 등을 하려면 문화재위원회의 해당 분야 위원이나 전문위원 등 관계 전문가 3명 이상에게 해당 문화재에 대한 조사를 요청하여야 한다.

1. 법 제31조제1항에 따른 국가지정문화재 지정의 해제

2. 삭제 〈2016. 2. 29.〉

3. 삭제 〈2016. 2. 29.〉

4. 법 제31조제4항에 따른 보호물 또는 보호구역 지정의 해제 또는 그 범위의 조정

② 삭제 〈2016. 2. 29.〉

③ 제1항에 따라 조사 요청을 받은 사람은 조사를 한 후 조사보고서(전자문서로 된 보고서를 포함한다)를 작성하여 문화재청장에게 제출하여야 한다.　　　　　　　〈개정 2019. 12. 24.〉

④ 문화재청장은 제3항에 따른 조사보고서를 검토하여 제1항 각 호의 지정 해제 등이 필요하다고 판단되면 문화재위원회의 심의 전에 그 심의할 내용을 관보에 30일 이상 예고하여야 한다.　　　　　　　　　　　　　　　　　　　　　　　　　　　〈개정 2016. 2. 29.〉

⑤ 문화재청장은 제4항에 따른 예고가 끝난 날부터 6개월 안에 문화재위원회의 심의를 거쳐 제1항 각 호의 지정 해제 등의 여부를 결정하여야 한다.

⑥ 문화재청장은 이해관계자의 이의제기 등 부득이한 사유로 6개월 안에 제5항에 따른 지정 해제 등을 결정하지 못한 경우에 그 지정 해제 등의 여부를 다시 결정할 필요가 있으면 제4항에 따른 예고 및 제5항에 따른 지정 해제 등의 절차를 다시 거쳐야 한다.

제13조(관리단체의 지정서)

① 문화재청장은 법 제34조제1항에 따른 국가지정문화재의 관리단체(이하 "관리단체"라 한다)를 지정하는 경우에는 별지 제17호서식의 국가지정문화재 관리단체 지정서를 발급하여야 하며, 별지 제18호서식의 국가지정문화재 관리단체 지정서 발급대장에 그 내용을 적고 이를 관리하여야 한다.

② 제1항에 따라 관리단체 지정서를 발급받은 관리단체는 그 지정기간이 만료되거나 지정이 해제되면 10일 안에 그 지정서를 반환하여야 한다.

제14조(허가신청서)

① 법 제35조제1항제1호 및 영 제21조에 따라 국가지정문화재(보호물·보호구역과 천연기념물 중 죽은 것 및 법 제41조제1항에 따라 수입·반입 신고된 것을 포함한다)의 현상을 변경하는 행위에 대한 허가를 신청하려면 별지 제19호서식에 다음 각 호의 자료를 첨부하여 문화재청장에게 제출하여야 한다. 〈개정 2018. 5. 29.〉

1. 현상변경 계획서

2. 위치도, 배치도 등 현상변경 사항을 확인할 수 있는 관련 도면

3. 현장 사진

② 법 제35조제1항제2호 및 영 제21조에 따라 국가지정문화재(동산에 속하는 문화재는 제외한다)의 보존에 영향을 미칠 우려가 있는 행위에 대한 허가를 신청하려면 별지 제19호의2서식에 다음 각 호의 서류를 첨부하여 문화재청장에게 제출하여야 한다. 〈개정 2019. 10. 7.〉

1. 행위 계획서

2. 다음 각 목에 해당하는 관련 도면. 다만, 「건축법」 제14조에 따른 신고대상 건축물인 경우에는 제출하지 아니할 수 있다.

   가. 건설공사 등 땅깎기·흙쌓기 계획을 포함하는 경우 또는 시설물·공작물을 설치하는 경우: 배치도·평면도·입면도·단면도 및 대지 종횡단면도

   나. 「건축법」 제10조에 따른 사전결정 신청 건축물의 경우: 배치도 및 대지 종횡단면도

3. 현장 사진

③ 법 제35조제1항제3호 및 영 제21조에 따라 국가지정문화재의 탁본, 영인(影印) 또는 그 보존에 영향을 미칠 우려가 있는 촬영 행위에 대한 허가를 신청하려면 별지 제20호서식에 행위 계획서를 첨부하여 문화재청장에게 제출하여야 한다.

④ 법 제35조제1항제4호 및 영 제21조에 따라 명승이나 천연기념물로 지정된 구역 등에서 동물, 식물, 광물을 포획·채취하거나 반출하는 행위에 대한 허가를 신청하려면 별지 제21호서식

에 행위 계획서를 첨부하여 문화재청장에게 제출하여야 한다.

⑤ 법 제35조 및 영 제21조에 따라 받은 허가사항에 대하여 변경허가를 신청하려면 별지 제22호
서식에 변경사항에 해당하는 서류를 첨부하여 문화재청장에게 제출하여야 한다.

[전문개정 2017. 2. 13.]

제15조 삭제 〈2015. 1. 29.〉

제16조(현상변경 등의 허가서)

① 법 제36조 및 영 제22조에 따른 국가지정문화재 또는 그 보호물이나 보호구역 등의 현상변경
등의 허가서는 별지 제23호서식에 따른다.

② 법 제36조 및 영 제22조에 따른 허가사항의 변경허가서는 별지 제24호서식에 따른다.

③ 문화재청장은 별지 제24호의2서식의 현상변경 등의 허가대장을 연도별로 작성 · 관리하여야
한다.   〈신설 2013. 11. 18.〉

④ 제3항의 현상변경 등의 허가대장은 전자적 처리가 불가능한 특별한 사유가 없으면 전자적
처리가 가능한 방법으로 작성 · 관리하여야 한다.   〈신설 2013. 11. 18.〉

제17조(동물치료소의 지정 · 취소 보고)

시 · 도지사는 법 제38조제2항에 따라 동물치료소를 지정하거나 법 제38조제5항에 따라 그 지
정을 취소한 경우에는 별지 제25호서식의 천연기념물 동물치료소 지정 또는 취소 보고서(전자문
서로 된 보고서를 포함한다)를 문화재청장에게 제출하여야 한다.   〈개정 2019. 12. 24.〉

제18조(동물치료소의 치료결과 보고)

법 제38조제3항에 따라 동물치료소가 조난동물을 치료하였을 때에는 그 결과를 별지 제26호
서식의 천연기념물 조난동물 치료결과 보고서(전자문서로 된 보고서를 포함한다)에 작성하여 시
장 · 군수 · 구청장(자치구의 구청장을 말한다. 이하 같다) 및 시 · 도지사를 거쳐 문화재청장에게
보고하여야 한다. 이 경우 조난동물이 폐사하였을 때에는 폐사진단서 및 처리의견서를 첨부하여
야 한다.   〈개정 2019. 12. 24.〉

제19조(동물 치료 경비 지급 등)

① 문화재청장은 법 제38조제4항 후단에 따라 천연기념물 동물 치료 경비 지급에 관한 업무를
「수의사법」 제23조에 따라 설립된 수의사회(이하 "수의사회"라 한다)에 위탁한다.

② 법 제38조제4항에 따라 천연기념물 동물 치료 경비를 받으려는 동물치료소는 별지 제27호 서식의 천연기념물 동물 치료 경비 청구서(전자문서로 된 청구서를 포함한다)를 수의사회에 제출해야 한다. 〈개정 2019. 12. 24.〉

③ 수의사회는 제2항에 따라 천연기념물 동물 치료 경비 청구를 접수하면 치료 경비 내역을 확인하여 금액을 확정한 후 지급하고, 지급 결과를 분기별로 문화재청장에게 보고하여야 한다.

제20조(국외 반출 허가)

① 법 제39조제1항 단서에 따라 국보, 보물, 천연기념물 또는 국가민속문화재의 국외 반출의 허가를 받으려는 자는 관세청장이 운영·관리하는 전산시스템을 통하여 별지 제28호서식의 문화재 국외 반출 허가신청서(전자문서로 된 신청서를 포함한다)에 다음 각 호의 서류를 첨부하여 문화재청장에게 제출해야 한다.

1. 보험증서 사본

2. 소유자 동의서

3. 전시계획서(전시기간, 전시장소 및 전시환경을 포함한다)

② 문화재청장은 법 제39조제1항 단서에 따라 국보, 보물, 천연기념물 또는 국가민속문화재의 국외 반출 허가를 한 경우에는 별지 제28호의2서식의 문화재 국외 반출 허가서를 신청인에게 발급해야 한다.

③ 법 제39조제1항 단서에 따라 국보, 보물, 천연기념물 또는 국가민속문화재의 국외 반출 허가를 받은 자가 법 제39조제3항에 따라 반출 기간을 연장하려면 관세청장이 운영·관리하는 전산시스템을 통하여 별지 제29호서식의 반출 기간 연장 허가신청서(전자문서로 된 신청서를 포함한다)에 다음 각 호의 서류를 첨부하여 문화재청장에게 제출해야 한다.

1. 보험증서 사본

2. 소유자 동의서

3. 전시계획서(전시기간, 전시장소 및 전시환경을 포함한다)

④ 문화재청장은 법 제39조제3항에 따라 국보, 보물, 천연기념물 또는 국가민속문화재의 반출 기간 연장 허가를 한 경우에는 별지 제29호의2서식의 문화재 국외 반출 기간 연장 허가서를 신청인에게 발급해야 한다.

⑤ 제1항 및 제3항에 따른 국외 반출 또는 반출 기간의 연장을 허가하기 위한 구체적 심사기준은 다음 각 호와 같다.

1. 해당 문화재의 전시 필요성 및 예상되는 전시 효과

2. 해당 문화재의 국외 반출 빈도 및 기간

3. 전시기간, 전시장소 및 전시환경의 적정성 여부

4. 반출 기간 동안의 보안, 방범 등 적정한 안전관리대책의 마련 여부

5. 포장, 이송 시의 안전성 여부

6. 반출 허가 또는 반출 기간 연장 허가 신청자의 문화재 관련 법령 등 위반 여부

7. 그 밖에 보험가입 등 반출 허가에 필요한 사항의 구비 여부

⑥ 법 제39조제6항에 따라 천연기념물을 수출하려는 자는 수출 예정일 2개월 전에 관세청장이 운영 · 관리하는 전산시스템을 통하여 별지 제30호서식의 국가지정문화재(천연기념물) 수출 허가신청서(전자문서로 된 신청서를 포함한다)에 다음 각 호의 서류를 첨부하여 문화재청장에게 제출해야 한다.

1. 사업(연구 및 전시) 계획서

2. 현상변경(표본 · 박제) 허가서 또는 인공증식 증명서 사본

3. 수송계획서(살아 있는 천연기념물인 경우에만 제출한다)

⑦ 문화재청장은 법 제39조제6항에 따라 천연기념물의 수출 허가를 한 경우에는 별지 제30호의 2서식의 국가지정문화재(천연기념물) 수출 허가서를 신청인에게 발급해야 한다.

⑧ 등록문화재, 시 · 도지정문화재, 문화재자료의 반출 허가와 반출 기간 연장에 관하여는 제1항부터 제4항까지를 준용한다.

[전문개정 2020. 5. 27.]

제21조(관리자 선임 등의 신고서)

① 법 제40조제1항제1호 및 영 제23조에 따른 국가지정문화재 관리자의 선임 또는 해임 신고서는 별지 제31호서식에 따른다.

② 법 제40조제1항제2호 및 영 제23조에 따른 국가지정문화재 또는 그 보호물 · 보호구역의 소유자 변경신고서는 별지 제32호서식에 따른다.

③ 법 제40조제1항제3호부터 제5호까지 및 영 제23조에 따른 국가지정문화재의 소유자 등의 성명이나 주소, 국가지정문화재의 소재지 또는 보관 장소의 변경신고서는 별지 제33호서식에 따른다.

④ 법 제40조제1항제6호 및 영 제23조에 따른 국가지정문화재 또는 그 보호물 · 보호구역의 멸실 · 유실 · 도난 또는 훼손 신고서는 별지 제34호서식에 따른다.

⑤ 법 제40조제1항제7호 또는 같은 조 제3항 및 영 제23조에 따른 국가지정문화재 또는 그 보호물 · 보호구역의 현상변경 등의 착수 및 완료 신고서는 별지 제35호서식에 따른다.

〈개정 2020. 5. 27.〉

⑥ 법 제40조제1항제8호 및 영 제23조에 따른 국가지정문화재 반입 신고서는 별지 제36호서식에 따른다.

⑦ 법 제40조제1항제9호 및 영 제23조에 따른 천연기념물 표본·박제 소유 신고서는 별지 제37호서식에 따른다.

⑧ 법 제40조제1항제9호의2에 따른 폐사한 천연기념물 동물 부검 신고서는 별지 제38호서식에 따른다. 〈신설 2018. 5. 29.〉

⑨ 법 제40조제1항제9호의3 및 영 제24조에 따른 천연기념물 보존 및 생존을 위한 조치 신고서는 별지 제39호서식에 따른다. 〈신설 2018. 5. 29.〉

제22조(동물의 수입·반입 신고서)

법 제41조제1항 및 영 제25조에 따른 동물의 수입·반입 신고서는 별지 제40호서식에 따른다.
[본조신설 2018. 5. 29.]

제23조(동물의 수입·반입 신고대장)

문화재청장은 법 제41조에 따른 동물의 수입·반입 신고를 받으면 다음 각 호의 사항을 포함한 수입·반입 신고대장을 작성하여 관리(전산매체를 통한 작성·관리를 포함한다)하여야 한다.

1. 수입·반입한 자의 성명 및 주소
2. 수입·반입 목적
3. 동물의 원산지 및 수입 통관일
4. 동물의 종명, 성별, 연령, 무게 및 수입 수량 등 기본정보
5. 동물의 보관 장소
[본조신설 2018. 5. 29.]

제24조 삭제 〈2016. 2. 29.〉

제25조(수리 등의 국가시행의 통지)

문화재청장은 법 제42조제2항에 따라 국가의 부담으로 직접 법 제42조제1항제1호부터 제3호까지의 조치를 하려면 문화재의 종류, 지정번호, 명칭, 수량, 조치 내용, 착수시기와 그 밖에 필요한 사항을 그 소유자, 관리자 또는 관리단체에 알려야 한다. 〈개정 2016. 2. 29.〉

제26조(국가지정문화재 대장)

① 문화재청장과 해당 특별자치시장 · 특별자치도지사 · 시장 · 군수 · 구청장 및 관리단체의 장은 국가지정문화재 대장(전자문서로 된 대장을 포함한다)을 비치하고, 관할하는 국가지정문화재에 대한 보존 · 관리 및 변경 사항 등을 기록 · 보존하여야 한다. 〈개정 2015. 1. 29.〉

② 제1항에 따른 국가지정문화재 대장 중 국보, 보물, 사적, 명승, 천연기념물 및 국가민속문화재는 별지 제49호서식에 따른다. 〈개정 2016. 2. 29., 2017. 6. 30.〉

③ 국가지정문화재 대장에는 해당 국가지정문화재와 그 보호물 및 보호구역의 사진과 실측도 · 지적도 및 배치도를 첨부하여야 한다. 〈개정 2016. 2. 29.〉

④ 법 제32조에 따른 가지정문화재에 관하여는 제1항과 제2항을 준용한다.

제27조(국가지정문화재의 목록)

문화재청장은 별지 제51호서식의 국가지정문화재의 종류별 목록 및 별지 제52호서식의 국가지정문화재의 소재지별 목록을 각각 비치하여 필요한 사항을 적고 이를 보존하여야 한다.

제28조(정기조사의 주기 및 조사기록)

① 법 제44조제1항에 따른 정기조사는 3년마다 실시한다. 다만, 다음 각 호의 어느 하나에 해당하는 국가지정문화재에 대해서는 5년마다 실시한다. 〈개정 2015. 12. 23.〉

1. 건물 안에 보관하여 관리하는 국가지정문화재

2. 국가 또는 지방자치단체가 직접 관리하는 국가지정문화재

3. 소유자 또는 관리자 등이 거주하고 있는 건축물류 국가지정문화재

4. 천연기념물 및 명승

5. 직전 정기조사에서 보존상태가 양호한 것으로 조사된 국가지정문화재

② 제1항에 따른 정기조사의 운영 절차 및 방법 등에 관한 세부 사항은 문화재청장이 정한다. 〈개정 2016. 2. 29.〉

제29조(문화재조사원의 신분증표)

법 제44조제5항에 따라 조사를 하는 공무원과 법 제44조제6항에 따라 위임받거나 위탁받은 지방자치단체나 전문기관 또는 단체에 소속되어 조사를 하는 문화재조사원의 신분증표는 별지 제62호서식에 따른다.

제30조(국가지정문화재의 공개 제한의 고시 등)

① 문화재청장은 법 제48조제3항에 따라 국가지정문화재의 공개를 제한하면 다음 각 호의 사항을 관보에 고시하여야 한다.　　　　　　　　　　　　　　　〈개정 2016. 2. 29.〉

　　1. 해당 국가지정문화재의 종류, 지정번호, 명칭 및 소재지

　　2. 해당 문화재가 있는 지역의 위치

　　3. 공개가 제한되는 기간 및 지역

　　4. 공개가 제한되는 사유

　　5. 공개 제한 위반 시의 제재 내용

　　6. 제1호부터 제5호까지의 사항 외의 추가적인 정보를 제공하는 인터넷 홈페이지의 주소

② 법 제48조제3항에 따라 공개 제한을 통보받은 시·도지사 또는 시장·군수·구청장은 공개가 제한되는 문화재 주변에 제1항 각 호의 사항을 적은 안내판을 설치하여야 한다. 다만, 문화재청장이 직접 관리하고 있는 국가지정문화재의 공개를 제한하는 경우에는 문화재청장이 안내판을 설치하여야 한다.　　　　　　　　　　　　　〈개정 2013. 11. 18.〉

③ 문화재청장은 법 제48조제4항에 따라 국가지정문화재의 공개 제한을 해제하면 다음 각 호의 사항을 고시하여야 한다.

　　1. 해당 국가지정문화재의 종류, 지정번호, 명칭 및 소재지

　　2. 공개 제한이 해제되는 지역

　　3. 공개 제한이 해제되는 사유

④ 법 제48조제4항에 따라 공개 제한의 해제 통보를 받은 시·도지사 또는 시장·군수·구청장은 제2항에 따른 안내판을 철거하여야 한다. 다만, 문화재청장이 직접 관리하고 있는 국가지정문화재의 공개 제한을 해제하는 경우에는 문화재청장이 안내판을 철거하여야 한다.

　　　　　　　　　　　　　　　　　　　　　　　　　　　　〈개정 2013. 11. 18.〉

제31조(공개 제한지역 출입의 허가)

① 문화재청장은 법 제48조제5항에 따라 공개가 제한되는 지역에 출입하려는 자가 다음 각 호의 어느 하나에 해당하면 그 출입을 허가할 수 있다.

　　1. 문화재 수리·관리를 위하여 필요한 경우

　　2. 문화재 보호·보존을 위한 학술조사에 필요한 경우

　　3. 그 밖에 문화재청장이 해당 문화재의 보존·활용을 위하여 필요하다고 인정하는 경우

② 제1항에 따른 허가를 받으려는 자는 별지 제63호서식의 출입허가신청서(전자문서로 된 신청서를 포함한다)를 시장·군수·구청장 및 시·도지사를 거쳐 문화재청장에게 제출하여야

한다. 다만, 문화재청장이 직접 관리하고 있는 국가지정문화재의 출입 허가를 받으려는 경우에는 시장·군수·구청장 및 시·도지사를 거치지 아니하고 직접 문화재청장에게 제출하여야 한다. 〈개정 2013. 11. 18.〉

③ 문화재청장은 제1항에 따라 공개가 제한되는 지역에 출입을 허가하는 경우 별지 제63호의2 서식의 출입허가서를 신청인에게 발급하여야 한다. 〈신설 2015. 1. 29.〉

제31조의2(관람료의 감면)

① 문화재청장은 문화재청장이 직접 관리하는 국가지정문화재를 공개하는 경우에는 법 제49조 제3항에 따라 다음 각 호의 어느 하나에 해당하는 사람에 대하여 관람료를 감면할 수 있다.

1. 국빈·외교사절단 및 그 수행자

2. 장애인 및 국가유공자

3. 해당 문화재가 소재하는 시·군·구(자치구로 한정한다)의 주민

4. 그 밖에 문화재청장이 관람료를 감면하는 것이 필요하다고 인정하는 사람

② 제1항에 따라 관람료를 감면하는 경우 그 감면율에 대해서는 문화재청장이 정한다.

[본조신설 2014. 12. 30.]

제32조 삭제 〈2016. 2. 29.〉

제33조(보조금)

① 법 제51조제1항에 따른 국가의 보조를 받으려는 자는 별지 제66호서식의 단위사업별 예산신청서를 문화재청장에게 제출하여야 한다.

② 문화재청장은 법 제51조에 따라 보조금 교부를 결정하면 보조금 교부를 신청한 자에게 별지 제67호서식의 국고보조금 교부결정 통지서에 따라 보조금 교부 결정 사실을 지체 없이 알려야 한다.

③ 법 제51조에 따른 보조금을 교부받은 자는 문화재청장이 정하는 바에 따라 보조금 집행을 완료하거나 회계연도가 종료되면 별지 제68호서식의 국고보조사업 실적보고서(전자문서로 된 보고서를 포함한다)를 문화재청장에게 제출하여야 한다. 〈개정 2019. 12. 24.〉

④ 문화재청장은 법 제51조제2항에 따라 문화재의 수리나 그 밖의 공사를 감독하는 경우에는 그 소속 직원 중에서 감독관을 지정할 수 있다.

제34조(국가등록문화재의 등록기준 및 절차)

① 법 제53조제2항에 따른 국가등록문화재의 등록기준은 지정문화재가 아닌 문화재 중 건설·제작·형성된 후 50년 이상이 지난 것으로서 다음 각 호의 어느 하나에 해당하는 것으로 한다. 다만, 다음 각 호의 어느 하나에 해당하는 것으로서 건설·제작·형성된 후 50년 이상이 지나지 아니한 것이라도 긴급한 보호 조치가 필요한 것은 국가등록문화재로 등록할 수 있다. 〈개정 2019. 12. 24., 2020. 12. 4.〉

1. 역사, 문화, 예술, 사회, 경제, 종교, 생활 등 각 분야에서 기념이 되거나 상징적 또는 교육적 가치가 있는 것

2. 지역의 역사·문화적 배경이 되고 있으며, 그 가치가 일반에 널리 알려진 것

3. 기술 발전 또는 예술적 사조 등 그 시대를 반영하거나 이해하는 데에 중요한 가치를 지니고 있는 것

② 문화재청장은 제1항에 따른 등록기준에 해당하는 국가 또는 지방자치단체가 소유한 문화재를 국가등록문화재로 등록하거나, 제35조에 따른 신청에 따라 국가등록문화재로 등록하려면 문화재위원회의 해당 분야 위원이나 전문위원 등 관계 전문가 3명 이상에게 해당 문화재에 대한 조사를 요청하여야 한다. 〈개정 2017. 4. 6., 2019. 12. 24.〉

③ 제2항에 따라 조사 요청을 받은 사람은 조사를 한 후 조사보고서(전자문서로 된 보고서를 포함한다)를 작성하여 문화재청장에게 제출하여야 한다. 〈개정 2019. 12. 24.〉

④ 문화재청장은 제3항에 따른 조사보고서를 검토하여 해당 문화재가 국가등록문화재로 등록될 만한 가치가 있다고 판단되면 문화재위원회의 심의 전에 그 심의할 내용을 관보에 30일 이상 예고하여야 한다. 〈개정 2019. 12. 24.〉

⑤ 문화재청장은 제4항에 따른 예고가 끝난 날부터 6개월 안에 문화재위원회의 심의를 거쳐 국가등록문화재 등록 여부를 결정하여야 한다. 〈개정 2019. 12. 24.〉

⑥ 문화재청장은 이해관계자의 이의제기 등 부득이한 사유로 6개월 안에 제5항에 따라 등록 여부를 결정하지 못한 경우에 그 등록 여부를 다시 결정할 필요가 있으면 제4항에 따른 예고 및 제5항에 따른 등록 절차를 다시 거쳐야 한다.

[제목개정 2019. 12. 24.]

제35조(국가등록문화재의 등록 신청)

① 제34조제1항에 따른 등록기준에 해당하는 문화재의 소유자, 관리자 또는 해당 문화재의 소재지를 관할하는 지방자치단체의 장이 해당 문화재를 국가등록문화재로 등록을 신청하려면 별지 제69호서식의 국가등록문화재 등록신청서에 다음 각 호의 서류를 첨부하여 문화재청

장에게 제출하여야 한다. 이 경우 소유자나 관리자가 등록을 신청하려면 해당 문화재의 소재지 관할 시장·군수·구청장 및 시·도지사를 거쳐 신청하여야 한다.

〈개정 2014. 12. 30., 2017. 2. 13., 2018. 5. 29., 2019. 12. 24.〉

1. 대상 문화재 소유자의 동의서(소유자가 등록을 신청하는 경우에는 제출하지 아니한다)

2. 대상 문화재의 사진, 도면(배치도·평면도·단면도 등) 및 문헌 자료 사본

3. 별지 제69호의2서식에 따른 대상 문화재의 보존관리 및 활용계획서

4. 대상 문화재의 변형 및 수리 이력(변형 및 수리 이력이 있는 경우로 한정한다)

② 제1항 후단에 따라 신청서를 제출받은 시장·군수·구청장은 검토의견서를 첨부하여 시·도지사에게 제출하고, 시·도지사는 다음 각 호의 서류를 첨부하여 문화재청장에게 제출해야 한다. 〈신설 2019. 12. 24.〉

1. 시장·군수·구청장 및 시·도지사의 검토의견서

2. 관계전문가의 조사의견 및 시·도문화재위원회의 심의 관계자료

[제목개정 2019. 12. 24.]

제36조(등록 사항 등)

문화재청장과 관할 특별자치시장·특별자치도지사·시장·군수·구청장 및 법 제54조제2항에 따라 지정을 받은 자(이하 "국가등록문화재관리단체"라 한다)는 별지 제70호서식의 국가등록문화재 대장(전자문서로 된 대장을 포함한다)을 비치하고 국가등록문화재에 대한 보존·관리 및 변경사항, 법 제57조에 따른 특례 적용사항 등을 기록·보존하여야 한다.

〈개정 2015. 1. 29., 2019. 12. 24.〉

제37조(기술 지도)

① 법 제54조제3항에서 "국가등록문화재의 관리 및 수리와 관련된 기술 지도"란 국가등록문화재의 관리, 보수·복원, 이를 위한 실측·설계 및 손상을 방지하기 위한 조치에 필요한 기술적 지도 및 조언을 말한다. 〈개정 2019. 12. 24.〉

② 법 제54조제3항에 따라 국가등록문화재의 소유자나 관리자 또는 국가등록문화재관리단체가 제1항에 따른 기술 지도를 요청하려면 별지 제71호서식의 국가등록문화재 기술 지도 요청서를 관할 특별자치시장·특별자치도지사·시장·군수·구청장을 거쳐 문화재청장에게 제출하여야 한다. 이 경우 시장·군수·구청장은 관할 시·도지사에게 요청사항을 알려야 한다.

〈개정 2015. 1. 29., 2019. 12. 24.〉

제38조(국가등록문화재의 변동사항 등에 관한 신고서식)

법 제55조에 따른 신고서식은 다음 각 호와 같다. 〈개정 2019. 12. 24.〉

1. 법 제55조제1호에 따른 관리자 선임 또는 해임 신고서: 별지 제31호서식

2. 법 제55조제2호에 따른 소유자 변경 신고서: 별지 제32호서식

3. 법 제55조제3호부터 제5호까지의 규정에 따른 소유자 또는 관리자의 주소 변경, 소재지 변경 및 보관 장소 변경 신고서: 별지 제33호서식

4. 법 제55조제6호에 따른 국가등록문화재 멸실 · 유실 · 도난 또는 훼손 신고서: 별지 제34호 서식

5. 법 제55조제7호에 따른 국가등록문화재 현상변경 행위 착수 또는 완료 신고서: 별지 제35 호서식

6. 법 제55조제8호에 따른 국가등록문화재 반입 신고서: 별지 제36호서식

[제목개정 2019. 12. 24.]

제39조(국가등록문화재의 현상변경 신고 등)

① 삭제 〈2015. 1. 29.〉

② 법 제56조제1항에 따른 신고는 별지 제72호서식의 국가등록문화재 현상변경 신고서에 따른 다. 〈개정 2019. 12. 24.〉

③ 법 제56조제2항 전단에 따라 국가등록문화재의 현상변경 허가를 신청하려면 별지 제19호서 식에 다음 각 호의 서류를 첨부하여 문화재청장에게 제출하여야 한다.

〈개정 2017. 2. 13., 2019. 12. 24.〉

1. 현상변경 계획서

2. 위치도, 배치도 등 현상변경 사항을 확인할 수 있는 관련 도면

3. 현장 사진

④ 법 제56조제2항 전단에 따라 받은 허가사항에 대하여 변경허가를 신청하려면 별지 제22호서 식에 변경사항이 포함된 제3항 각 호의 서류를 첨부하여 문화재청장에게 제출하여야 한다.

〈신설 2017. 2. 13.〉

⑤ 영 제34조제3항에 따른 국가등록문화재 현상변경 허가서는 별지 제23호서식에 따르고, 변경 허가서는 별지 제24호서식에 따른다. 〈개정 2017. 2. 13., 2019. 12. 24.〉

[제목개정 2019. 12. 24.]

제40조(국가등록문화재의 현상변경 허가대상 통보)

법 제57조에 따른 건폐율·용적률의 특례를 적용하여 건축허가를 한 지방자치단체의 장과 법 제59조제2항에 따라 보조금 교부 결정 통지를 받은 특별자치시장·특별자치도지사·시장·군수·구청장은 건축허가를 한 날 또는 보조금 교부 결정을 통지받은 날부터 15일 안에 해당 국가등록문화재의 소유자나 관리자 또는 국가등록문화재관리단체에 해당 국가등록문화재가 법 제56조제2항에 따른 현상변경 허가대상이 됨을 알려야 한다. 〈개정 2015. 1. 29., 2019. 12. 24.〉

[제목개정 2019. 12. 24.]

제41조(국가등록문화재의 등록증 교부 등)

문화재청장은 법 제59조제1항에 따른 등록증을 교부할 때에는 별지 제73호서식의 국가등록문화재 등록증에 따르고, 별지 제74호서식의 국가등록문화재 등록증 발급대장에 그 내용을 적어야 한다. 〈개정 2019. 12. 24.〉

[제목개정 2019. 12. 24.]

제41조의2(국가등록문화재의 등록말소 절차)

① 문화재청장은 법 제58조제1항에 따라 국가등록문화재의 등록을 말소하려면 해당 분야의 관계 전문가 3명 이상에게 해당 문화재에 대한 조사를 요청하여야 한다. 〈개정 2019. 12. 24.〉

② 문화재청장은 제1항에 따라 관계 전문가가 제출한 조사보고서를 검토하여 국가등록문화재의 등록말소가 필요하다고 판단되면 문화재위원회의 심의를 거쳐 등록말소 여부를 결정하여야 한다. 〈개정 2019. 12. 24.〉

[본조신설 2017. 2. 13.]

[제목개정 2019. 12. 24.]

제42조 삭제 〈2019. 12. 24.〉

제43조(일반동산문화재의 수출 또는 반출 절차)

① 법 제60조제1항 각 호 외의 부분 본문 또는 같은 항 제1호에 따라 일반동산문화재의 반출 허가를 받으려는 자는 반출 예정일 1개월 전에 관세청장이 운영·관리하는 전산시스템을 통하여 별지 제28호서식의 문화재 국외 반출 허가신청서(전자문서로 된 신청서를 포함한다)에 다음 각 호의 서류를 첨부하여 문화재청장에게 제출해야 한다.

1. 보험증서 사본

2. 소유자 동의서

3. 전시계획서(전시기간, 전시장소 및 전시환경을 포함한다)

② 문화재청장은 법 제60조제1항 각 호 외의 부분 본문 또는 같은 항 제1호에 따라 일반동산문화재의 반출 허가를 한 경우에는 별지 제28호의2서식의 문화재 국외 반출 허가서를 신청인에게 발급해야 한다.

③ 법 제60조제1항 각 호 외의 부분 본문에 따라 일반동산문화재의 반출 허가를 받은 자가 그 반출 기간을 연장하려면 관세청장이 운영·관리하는 전산시스템을 통하여 별지 제29호서식의 국외 반출 문화재 반출 기간 연장 허가신청서(전자문서로 된 신청서를 포함한다)에 다음 각 호의 서류를 첨부하여 문화재청장에게 제출해야 한다.

1. 보험증서 사본

2. 소유자 동의서

3. 전시계획서(전시기간, 전시장소 및 전시환경을 포함한다)

④ 문화재청장은 법 제60조제1항 각 호 외의 부분 본문에 따라 일반동산문화재의 반출 기간 연장 허가를 한 경우에는 별지 제29호의2서식의 문화재 국외 반출 기간 연장 허가서를 신청인에게 발급해야 한다.

⑤ 제1항 및 제3항에 따른 국외 반출 또는 반출 기간의 연장을 허가하기 위한 구체적 심사기준은 다음 각 호와 같다.

1. 해당 문화재의 전시 필요성 및 예상되는 전시 효과

2. 해당 문화재의 국외 반출 빈도 및 기간

3. 전시기간, 전시장소 및 전시환경의 적정성 여부

4. 반출 기간 동안의 보안, 방범 등 적정한 안전관리대책의 마련 여부

5. 포장, 이송 시의 안전성 여부

6. 반출 허가 또는 반출 기간 연장 허가 신청자의 문화재 관련 법령 등 위반 여부

7. 그 밖에 보험가입 등 반출 허가에 필요한 사항의 구비 여부

⑥ 법 제60조제1항제2호에 따라 일반동산문화재의 반출 허가를 받으려는 자는 반출 예정일 3개월 전에 관세청장이 운영·관리하는 전산시스템을 통하여 별지 제76호서식의 국외박물관 등 구입·기증 문화재 국외 반출 허가신청서에 다음 각 호의 서류를 첨부하여 문화재청장에게 제출해야 한다.

1. 취득 경위서

2. 문화재 반출국가 인증서

3. 신청인을 증명하는 서류(사업자등록증 또는 법인 등기사항증명서 등을 말한다)

4. 보험증서 사본

5. 전시계획서(전시기간, 전시장소 및 전시환경을 포함한다)

6. 「멸종위기에 처한 야생동식물종의 국제거래에 관한 협약」(CITES) 허가서(해당하는 경우에만 제출한다)

⑦ 문화재청장은 법 제60조제1항제2호에 따라 일반동산문화재의 반출 허가를 한 경우에는 별지 제77호서식의 국외박물관 등 구입·기증 문화재 국외 반출 허가서를 신청인에게 발급해야 한다.

⑧ 문화재청장은 제6항에 따른 신청에 대하여 반출을 허가하려면 문화재위원회의 심의를 거쳐야 한다.

[전문개정 2020. 5. 27.]

제44조 삭제 〈2016. 2. 29.〉

제45조(감정 요령)

영 제37조제1항에 따른 감정의 요령은 다음 각 호와 같다.   〈개정 2016. 2. 29., 2019. 12. 24.〉

1. 감정이 의뢰된 동산이 영 제36조에 따른 일반동산문화재의 범위에 속하는지를 확인할 것

2. 법 제60조의2제1항에 따른 문화재감정위원(이하 "문화재감정위원"이라 한다)의 주관을 배제하고 객관적인 근거에 따라 보편타당하게 감정·평가할 것

3. 단독으로 감정하기 곤란한 경우에는 2명 이상의 문화재감정위원이 같은 장소 또는 정보통신망을 이용한 화상감정시스템을 활용하여 각각 다른 장소에서 공동으로 감정할 것

제46조 삭제 〈2016. 2. 29.〉

제47조(수당의 지급)

문화재청장은 공무원이 아닌 문화재감정위원이 영 제37조에 따라 감정을 하는 경우에는 예산의 범위에서 수당을 지급할 수 있다.   〈개정 2016. 2. 29.〉

제48조(비문화재의 확인)

① 법 제60조제5항에 따라 일반동산문화재로 오인될 우려가 있는 동산을 비문화재로 확인받아 국외로 반출하려는 자는 포장 또는 적재하기 전에 그 대상물과 함께 별지 제78호서식의 비문화재 국외반출 확인신청서를 문화재청장에게 제출해야 한다.   〈개정 2018. 12. 13.〉

② 문화재청장은 제1항에 따라 접수한 확인 대상물이 일반동산문화재가 아님이 확인되면 별지 제78호의2서식의 비문화재 국외반출 확인서를 신청인에게 내주어야 한다. 이 경우 여행자가 직접 휴대하여 반출하려는 경우에는 별표 3에 따른 비문화재 확인표지를 해당 확인 대상물에 붙여야 한다. 〈개정 2016. 2. 29., 2018. 12. 13.〉

③ 삭제 〈2018. 12. 13.〉

④ 문화재청장은 별지 제79호의2서식의 문화재감정대장을 연도별로 작성·관리하여야 한다. 〈신설 2013. 11. 18.〉

제49조(일반동산문화재에 대한 조사 기록)

법 제61조제1항에 따라 일반동산문화재를 조사하는 공무원은 그 조사 결과를 별지 제80호서식과 별지 제81호서식에 기록하여야 한다.

제50조(국가 및 지방자치단체의 경비 보조)

국가나 지방자치단체가 법 제72조제2항에 따른 경비를 보조할 때에는 제33조제1항에 따른 신청절차를 준용한다.

제51조(시·도지정문화재 지정 등의 보고)

시·도지사는 법 제73조제1항 및 영 제40조에 따라 보고를 하는 경우에는 다음 각 호의 구분에 따른 사항을 포함하여야 한다. 〈개정 2016. 2. 29., 2019. 12. 24.〉

1. 법 제73조제1항제1호에 따른 시·도지정문화재나 문화재자료의 지정에 관한 보고

    가. 문화재의 종류, 지정번호, 명칭, 지정 연월일, 수량, 소재지 또는 보관 장소

    나. 문화재의 소유자, 점유자 또는 관리자의 성명 및 주소

    다. 소재지나 보관 장소의 소유자, 점유자 또는 관리자의 성명 및 주소(보호물·보호구역을 지정한 경우에는 그 수량 또는 구역과 소유자, 점유자 또는 관리자의 성명 및 주소)

    라. 작자, 유래, 전설 및 현상에 관한 설명

    마. 재료, 품질, 구조, 형식, 크기 및 형태

    바. 사진, 도면, 녹음물 및 기록물

    사. 관리 및 보호상 필요한 제한 또는 금지에 관한 사항

2. 법 제73조제1항제1호에 따른 시·도지정문화재나 문화재자료의 지정 해제에 관한 보고

    가. 문화재의 종류, 지정번호, 명칭, 수량, 소재지 또는 보관 장소

    나. 문화재의 소유자, 점유자 또는 관리자의 성명 및 주소

    다. 해제의 사유 및 연월일

3. 법 제73조제1항제2호에 따른 시·도등록문화재의 등록에 관한 보고

　가. 등록번호, 명칭, 등록 연월일, 수량, 소재지 또는 보관 장소

　나. 문화재의 소유자, 점유자 또는 관리자의 성명 및 주소

　다. 소재지나 보관 장소의 소유자, 점유자 또는 관리자의 성명 및 주소

　라. 재료, 구조 형식, 크기, 형태, 작자, 유래 및 그 밖에 현상에 관한 사항

　마. 사진, 도면, 녹음물 및 기록물

　바. 관리 및 보호상 필요한 제한 또는 금지에 관한 사항

4. 법 제73조제1항제2호에 따른 시·도등록문화재의 등록 말소에 관한 보고

　가. 등록번호, 명칭, 수량, 소재지 또는 보관장소

　나. 문화재의 소유자, 점유자 또는 관리자의 성명 및 주소

다. 말소의 사유 및 연월일

5. 법 제73조제1항제3호에 따른 시·도지정문화재, 문화재자료 또는 시·도등록문화재의 소
　재지나 보관 장소의 변경에 관한 보고

　가. 문화재의 종류, 지정 또는 등록번호, 명칭 및 수량

　나. 문화재의 소유자, 점유자 또는 관리자의 성명 및 주소

　다. 변경의 사유 및 연월일

　라. 변경 전후의 소재지 또는 보관 장소

　마. 사진 및 도면

6. 법 제73조제1항제4호에 따른 시·도지정문화재, 문화재자료 또는 시·도등록문화재의 멸
　실, 유실, 도난 또는 훼손에 관한 보고

　가. 문화재의 종류, 지정 또는 등록번호, 명칭, 수량, 소재지 또는 보관 장소

　나. 문화재의 소유자, 점유자 또는 관리자의 성명 및 주소

　다. 멸실, 유실, 도난 또는 훼손의 연월일, 원인, 경위 및 현황

　라. 멸실, 유실, 도난 또는 훼손에 대한 조치의 내용

　마. 사진 및 도면

제52조(문화재매매업의 허가절차)

① 법 제75조제1항 및 영 제41조제2항에 따라 문화재매매업 허가를 받으려는 자는 별지 제82호
서식의 문화재매매업 허가신청서(전자문서로 된 신청서를 포함한다)에 제53조에 따른 자격
요건 증명서류(전자문서를 포함한다)를 첨부하여 특별자치시장·특별자치도지사, 시장·군
수·구청장에게 제출하여야 한다.　　　　　　　　　　　　　　　　　　　〈개정 2015. 1. 29.〉

② 특별자치시장·특별자치도지사, 시장·군수·구청장은 문화재매매업을 허가하면 별지 제83호서식의 문화재매매업 허가대장에 적고, 문화재매매업 허가신청인에게 별지 제84호서식의 문화재매매업 허가증을 내주어야 한다. 〈개정 2015. 1. 29.〉

③ 영 제41조제3항에 따른 실태 신고서는 별지 제85호서식에 따른다.

제52조의2(문화재매매업의 변경신고)

① 법 제75조제4항에 따라 문화재매매업 허가를 받은 자가 변경신고를 하려는 경우에는 변경사유가 발생한 날부터 20일 이내에 별지 제85호의2서식의 문화재매매업 변경신고서(전자문서로 된 신고서를 포함한다)에 다음 각 호의 서류를 첨부하여 특별자치시장·특별자치도지사, 시장·군수·구청장에게 제출해야 한다. 〈개정 2020. 5. 27.〉

1. 문화재매매업 허가증

2. 변경 사실을 확인할 수 있는 서류

② 특별자치시장·특별자치도지사, 시장·군수·구청장은 제1항에 따른 문화재매매업 변경신고서를 수리하면 별지 제83호서식의 문화재매매업 허가대장에 변경사항을 적고, 변경사항을 반영한 별지 제84호서식의 문화재매매업 허가증을 변경신고인에게 다시 교부해야 한다.

[본조신설 2018. 12. 13.]

제52조의3(문화재매매업의 지위승계 신고)

① 법 제75조의2제2항에 따라 문화재매매업의 지위승계 신고를 하려는 자는 승계받은 날부터 20일 이내에 별지 제85호의3서식의 문화재매매업 지위승계 신고서(전자문서로 된 신고서를 포함한다)에 다음 각 호의 서류를 첨부하여 특별자치시장, 특별자치도지사, 시장·군수·구청장에게 제출해야 한다.

1. 문화재매매업 허가증

2. 지위승계를 증명하는 서류

3. 문화재매매업의 자격 요건을 증명하는 서류

4. 위임인의 자필서명이 있는 위임인의 신분증명서 사본 및 위임장(양수인이 문화재매매업의 지위승계 신고를 위임한 경우만 해당한다)

② 특별자치시장, 특별자치도지사, 시장·군수·구청장은 제1항에 따른 문화재매매업의 승계신고를 수리한 경우 별지 제83호서식의 문화재매매업 허가대장에 변경사항을 적고, 변경사항을 반영한 별지 제84호서식의 문화재매매업 허가증을 신고인에게 발급해야 한다.

[본조신설 2020. 5. 27.]

제53조(자격 요건 증명서류 등)

① 법 제76조제1항에 따른 자격 요건에 해당하는 사실을 증명하는 서류는 다음 각 호의 구분에 따른 서류로 한다. 〈개정 2020. 5. 27.〉

1. 법 제76조제1항제1호에 해당하는 사람: 해당 경력증명서 또는 재직증명서

2. 법 제76조제1항제2호에 해당하는 사람: 해당 성적증명서

3. 법 제76조제1항제3호에 해당하는 사람: 해당 성적증명서 또는 학점인정서

4. 법 제76조제1항제4호에 해당하는 사람: 해당 문화재매매업 허가증 사본과 해당 경력증명서 또는 재직증명서

② 법 제76조제1항제2호 및 제3호에 해당하는 사람은 역사학·고고학·인류학·미술사학·민속학·서지학·전통공예학 또는 문화재관리학 계통의 전공과목을 18학점 이상 이수해야 한다. 〈신설 2020. 5. 27.〉

[제목개정 2020. 5. 27.]

제54조(박물관·미술관의 범위)

법 제76조제1항제1호에 따른 박물관 또는 미술관의 범위는 「박물관 및 미술관 진흥법」에 따라 등록된 박물관 또는 미술관을 말한다.

제55조(문화재 매매·교환 등에 관한 장부의 검인)

① 법 제78조에 따른 문화재 매매·교환 등에 관한 장부(이하 "문화재매매장부"라 한다)는 별지 제86호서식에 따른다.

② 문화재매매업자는 문화재매매장부를 다음 해 1월 31일(폐업하는 경우에는 폐업신고를 하는 날을 말한다)까지 특별자치시장·특별자치도지사·시장·군수·구청장에게 검인받아야 한다. 〈개정 2015. 1. 29.〉

③ 제2항에 따라 특별자치시장·특별자치도지사·시장·군수·구청장의 검인을 받으려는 자는 별지 제87호서식의 문화재매매장부 검인 신청서를 특별자치시장·특별자치도지사·시장·군수·구청장에게 제출하여야 하며, 그 검인은 별표 4에 따른다. 〈개정 2015. 1. 29.〉

④ 문화재매매업자는 특별자치시장·특별자치도지사·시장·군수·구청장의 검인을 받은 문화재매매장부에 대하여 그 검인을 받은 날부터 5년 동안은 특별자치시장·특별자치도지사·시장·군수·구청장의 승인 없이 문화재매매장부를 파기하거나 양도하지 못한다. 〈개정 2015. 1. 29.〉

제56조(폐업신고)

법 제79조에 따라 문화재매매업의 폐업신고를 하려는 자는 별지 제88호서식의 문화재매매업 폐업신고서(전자문서로 된 신고서를 포함한다)에 다음 각 호의 서류를 첨부하여 특별자치시장·특별자치도지사·시장·군수·구청장에게 제출하여야 한다.

1. 문화재매매업 허가증

2. 제55조제2항에 따라 검인받은 문화재매매장부

[전문개정 2015. 1. 29.]

제57조(행정처분기준)

① 법 제80조제2항에 따른 세부적인 행정처분기준은 별표 5와 같다.

② 특별자치시장·특별자치도지사·시장·군수·구청장은 법 제80조제1항에 따라 행정처분을 하면 별지 제83호서식의 문화재매매업 허가대장에 그 처분 내용 등을 기록·관리하여야 한다. 〈개정 2015. 1. 29.〉

제58조 삭제 〈2015. 1. 29.〉

제59조(제보 조서)

영 제44조에 따라 제보를 받은 수사기관이 작성하는 제보 조서는 별지 제89호서식에 따른다.

제60조(포상금의 지급등급기준)

영 제45조제2항에 따른 포상금의 지급등급기준은 별표 6과 같다.

제61조(포상금의 청구)

① 문화재청장은 법 제90조부터 제92조까지 또는 「매장문화재 보호 및 조사에 관한 법률」 제31조의 죄를 범한 자나 그 미수범이 기소유예 처분을 받거나 유죄판결이 확정된 경우 그 자를 수사기관에 제보한 자와 체포에 공로가 있는 자에게 포상금 신청 절차와 지급기준 등을 알려야 한다. 〈신설 2013. 11. 18.〉

② 법 제86조제1항에 따른 포상금을 받으려는 사람은 별지 제90호서식의 포상금 청구서(전자문서로 된 청구서를 포함한다)를 문화재청장에게 제출하여야 한다. 〈개정 2013. 11. 18.〉

③ 제2항에 따라 포상금을 청구하려는 사람이 2명 이상이면 연명(連名)으로 하여야 한다. 이 경우 영 제46조제2항 단서에 따라 포상금의 배분액을 미리 합의한 경우에는 그 합의된 사항을 적은 서류를 포상금 청구서에 첨부하여야 한다. 〈개정 2013. 11. 18.〉

제62조(도난물품 등의 공고)

법 제87조제5항제2호에 따른 공고는 해당 문화재가 도난물품 또는 유실물(遺失物)이라는 사실(문화재의 식별이 가능한 사진을 포함한다)을 문화재청장이 문화재청 홈페이지에 게재하는 방법으로 한다. 〈개정 2015. 12. 23.〉

제63조(규제의 재검토)

문화재청장은 다음 각 호의 사항에 대하여 다음 각 호의 기준일을 기준으로 3년마다(매 3년이 되는 해의 기준일과 같은 날 전까지를 말한다) 그 타당성을 검토하여 개선 등의 조치를 하여야 한다.

1. 제48조에 따른 비문화재의 확인: 2018년 1월 1일
2. 제55조에 따른 문화재 매매ㆍ교환 등에 관한 장부의 검인 등: 2018년 1월 1일
[전문개정 2017. 12. 20.]

부칙 〈제417호, 2020. 12. 4.〉

이 규칙은 2020년 12월 10일부터 시행한다.

박물관 관계법규

초판 인쇄 2022년 4월 10일
초판 발행 2022년 4월 15일

지은이　편집부
펴낸이　김태헌
펴낸곳　토담출판사

주소　경기도 고양시 일산서구 대산로 53
출판등록　2021년 9월 23일 제2021-000179호
전화　031-911-3416
팩스　031-911-3417